JN085822

今日からはじめる
米粉レシピ

「パン」も「おかず」も「お菓子」も
失敗なしで毎日おいしい

高橋ヒロ

ONE PUBLISHING

はじめに

米粉レシピの研究に取り組んだのは、子どもが小麦アレルギーを発症したことがきっかけでした。
少しでも、ふわふわのおいしい米粉パンを食べさせたくて、ネットにアップされている世界中の論文を始め、米粉に関するあらゆる文献を読み漁り、色々な米粉を取り寄せては、触って、見て、粒子を確認し、焼き比べをしました。
粒子の細かいものはパンには向くが、細かすぎるとクッキーには向かない、麺に向く米粉はこれ、など、米粉オタクとなってとことん「米粉道」を追求したものです。

ただ、そのうち、お店で売るような米粉パンやお菓子を作るならば、レシピごとにベストな米粉を選んで、しっかり時間をかけて作るということも大切だけれども、家庭で毎日作るなら、気軽に、気張らず、頑張らないで作れることが大切なのではないかと思うようになったのです。

そこで、この本では、「極力簡単に！」を追求した米粉で作るパンと料理とお菓子のレシピを掲載しています。
加熱の方法もオーブンだけでなく、電子レンジやフライパン、炊飯器などから選べますし、パンは短時間でできるベーキングパウダーか、ちょっと時間をかけて作るドライイーストかを選ぶこともできます。成形パンだって作れます！

「選択肢が多い」って生きる上で自由度が上がるということ。
それは、心と時間の余裕を生むと思っているので、
皆さんが、その時々で、最適な方法を選べるように
色々な作り方をご紹介したかったのです。

この本は、米粉料理ってなんとなくハードルが高いなと思っている方の背中をトンと押せる一冊になれたらいいなと思って作りました。
皆さんの米粉生活の「はじめの一歩」のお手伝いができたら幸いです。

高橋ヒロ

INDEX

PART 1
米粉でつくる[パン]

PART 2
米粉でつくる［料理］

PART 3

米粉でつくる[お菓子]

この本のルール

・米粉は種類や製粉方法によって、必要な水分量が大きく異なります。
　本書のP8〜11をよく読んでから作り始めてください。

・本書で推奨している「米の粉」(共立食品)と「お米の粉 お料理自慢の薄力粉」(波里)を使用すると
　失敗が少ないです。

・水(常温)は、15〜27℃の水道水を濾過したものを使用しています。

・本書で使用している「米油」は、菜種油や太白ごま油、グレープシードオイルなどの
　お好みの植物油に置き換えても作れます。オリーブオイルはものによって香りや風味のクセが強く、
　仕上がりの味が少し変わる場合もあるので注意してください。

・バターは何も指示がない場合は、食塩使用のものを使ってください。

・塩は天日塩を使用しています。

・本書で使用している卵はMサイズ(正味50g)です。

・電子レンジの加熱時間は600Wを基準としています。
　500Wの場合は加熱時間を1.2倍に、700Wの場合は0.8倍にしてください。

・オーブンレンジの加熱時間は、機種によって異なる場合があるため、レシピの時間を目安に様子を見ながら加減
してください。

・生地の状態は室温や湿度によって変化するので、発酵時間は生地の状態を見ながら調整してください。

・大さじ1は15㎖、小さじ1は5㎖です。

・牛乳や豆乳などの液体も計量器(スケール)を使ってレシピのグラム量を準備してください。

・レンチンアイコンは、電子レンジ使用を示しています。

・卵・乳なしのアイコンは、材料に卵と乳製品が含まれていないことを示しています。
　ただし、加工食品の中には、含まれているものもありますので注意してください。

[米粉の基本]

そもそも米粉って何？ 小麦粉とどう違うの？ など
米粉の基本について、まず知っておきましょう。

基本、その**1**

「米粉」って何ですか？

米粉とは、その名のとおり、米粉を粉末状にしたもので
す。従来は、もち米を粉砕した「白玉粉」や「道明寺粉」、
私たちが普段口にしているうるち米を砕いた「上新粉」
など和菓子を作るための材料でした。昨今では、それだ
けでなくパンや洋菓子、麺などを作るのに適した加工を
施した「米粉」が数多く生産されるようになりました。

基本、その**2**

米粉と小麦粉はどう違う？

米粉と小麦粉の大きな違い。それはグル
テンの有無。小麦粉には粘着力が強くて
伸びやすい性質を持つたんぱく質グリア
ジンと、弾力性に富むたんぱく質グルテ
ニンがあり、水を加えてこねることでこ
れらが絡み合い、粘りと弾力のある成分
グルテンが生まれます。米粉には、この

グルテンがないためうまく膨らまず、米
粉100%でパンやお菓子、麺類を作るこ
とは難しかったのです。ところが近年、
製粉技術が進みより細かい粒子の米粉が
作れるようになり、パンや洋菓子を作る
ための「米粉」が各メーカーから発売さ
れるようになりました。

基本、その**3**

米粉はメーカーによって特徴が違います！

「米粉」を使って
パンやケーキを
焼いてみたが「膨
らまなかった」
とか「ういろう」のように重くねっとり
とした仕上がりになってしまったという
声も多く聞きます。実は、パンや洋菓子を

作るために開発された「米粉」にも様々な
種類があるのです。メーカーや商品によ
って加工する米の品種（ササニシキやコ
シヒカリなど）や製粉方法、粒子の大きさ
も吸水率も違います。米粉料理を失敗せ
ずに作るには、各米粉の特徴を把握し、適
したもので作ることが大切です。

［ 本書で使用する米粉について ］

本書では共立食品の「米の粉」と波里の「お米の粉 お料理自慢の薄力粉」の2種をパンとお菓子、料理に使い分けています。ここではそれぞれの特徴をご紹介します。
また、本書のレシピには、それぞれどちらの米粉を使ったか記載していますので、
レシピ通りのものを使っていただければ、失敗なく作ることができます。

ふんわり系

本書では、パンやお菓子に使用！

米の粉
（共立食品）

新潟県産の米から作られたもので、パンやお菓子、お料理にと幅広く使えます。本書では、パンとお菓子、ぎょうざの皮とうどんに使用しています。超微粒に粉砕しているので、ダマになりにくく、きめの細かい生地に仕上がります。小麦粉でのお菓子作りと違いふるう必要がないのもポイントです。レシピによってしっとり、もっちり、ふんわりと、様々な食感を生み出すことができるところも魅力です。

もっちり系

本書では、料理に使用！

お米の粉 お料理自慢の薄力粉
（波里）

国産米100％のお料理用米粉です。日本米粉協会が制定した、世界基準より厳しいグルテン含有率1ppm以下のノングルテン米粉認証マークを取得しています。適度な吸水力があり、揚げ物やシチューのとろみづけなどいつもの料理からお菓子作りまで幅広く使っていただけます。本書では、キッシュやクリームシチュー、揚げ物などの料理に使っています。

［ 米粉の特性の違いは吸水率にあり！ ］

米粉は種類によって吸水率が大きく違います。
同量の水で溶いてみて、吸水した様子を比べてみましょう。

2種類の米粉で比較してみました。

同量の水と米粉を混ぜた場合の違い

米の粉
（共立食品）

お米の粉 お料理自慢の薄力粉
（波里）

とろとろに！

もったりと！

本書では、パンやお菓子、ぎょうざ、うどんに共立食品の「米の粉」を使っています。

本書では、ぎょうざとうどん以外、料理には、波里の「お米の粉」を使っています。

※特性を確認して、お手持ちの米粉を使う場合は、上記のように同量の水と米粉を溶いて状態が似ているほうの米粉のレシピを選んで作ってみてください。

加熱してみた！

米の粉
（共立食品）

お米の粉 お料理自慢の薄力粉
（波里）

ふんわり！

ずっしり！

P10の米粉違いの生地をレンチンしてみると、これだけ膨らみ加減に差が出ます。左は共立食品の「米の粉」を焼いたもの。ふわふわで、すこしもちもち感もあり軽い食感に焼き上がりました。右は波里の「お米の粉 お料理自慢の薄力粉」で焼いたもの。ずっしりと口触りの重い食感に。

［ 本書で使った米粉以外の基本の材料 ］

サイリウム (オオバコ)

**米粉で成形パンを作るには
サイリウムがおすすめ！**

米粉には、小麦粉にあるグルテンが含まれていないため、米粉だけで成形パンを作るのは難しいです。そこで、登場するのがサイリウムです。

サイリウムとはオオバコ属のプランタゴ・オバタという植物の種子外皮を粉末にしたもの。添加物などではなく自然由来の素材です。食物繊維も豊富で便秘解消の作用もあります。このサイリウムは水分を含むとゼリー状になるので、その働きを利用。米粉生地に加えることで余分な水分を吸収するため、生地のかたさがいいあんばいとなり、こねて成形することができるのです。スーパーやドラッグストア、自然食品店などで購入できます。

■ おすすめの商品

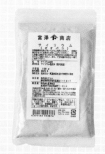
サイリウム (オオバコ)
（富澤商店）

オオバコダイエット
（井藤漢方製薬）

サイリウム粉末
（自然健康社）

甘味料

砂糖はきび砂糖を使用。

本書では、砂糖は「きび砂糖」としています。きび砂糖は、白砂糖に比べてカリウムやカルシウムといったミネラルを多く含み、体内で比較的ゆっくり吸収されます。大手スーパーなどで手に入れることができます。また、きび砂糖から精製する「素焚糖」もおすすめです。奄美大島諸島で採れるサトウキビ100％で作られたもので、よりミネラル成分が豊富。コクもあり、まろやかです。こちらはネットショップや自然食品店で購入できます。

■ おすすめの商品

素焚糖
（大東製糖）

ベーキングパウダー　加えたらすぐに混ぜて焼く！

ベーキングパウダーを使うことで発酵時間いらず。すぐに生地を膨らませて作ることができます。ポイントは、ベーキングパウダーを加えたら手早く混ぜて、すぐに加熱すること！　時間がたつと膨らみが悪くなります。本書では、アルミニウムフリーのものを使っています。スーパーで購入可能です。

■ おすすめの商品

ホームメイドケーキ
ベーキングパウダー
アルミフリー
（共立食品）

ラムフォード
ベーキングパウダー
（Rumford）

アイコク
ベーキングパウダー
（アイコク）

ドライイースト　やや時間をかけて膨らませる！

予備発酵なしで直接生地に混ぜ込んで使うことができる、便利なドライイーストを使用しています。少しばかり時間をかけて発酵させるので、弾力があり、もっちりした生地に仕上がります。開封後は冷凍庫で保存してください。スーパーや自然食品店、ネットショップで購入可能です。

■ おすすめの商品

サフ
インスタントイースト赤
（ルサッフル）

日清スーパーカメリヤ
ドライイースト
（日清製粉ウェルナ）

ホームメイドケーキ
ドライイースト
（共立食品）

［ 本書で使った基本の道具 ］

型　本書では、少ない型で作れるようにしました。

パック&レンジ
(iwaki)

パンを加熱するときにメインに使ったのは、電子レンジにもオーブンにも使えるiwakiのガラス製の耐熱容器「パック&レンジ」です。容量は800㎖（縦15.6×横15.6×高さ5.5cm）。同様のものをお持ちであれば、そちらを使ってください。

コンテナー 正方形
(旭化成ホームプロダクツ)

レンチンで作るパンには、電子レンジ使用可のコンテナーでも使えます。正方形タイプで内容量は700㎖（縦15.6×横15.6×高さ5.3cm）。同様のものをお持ちであれば、そちらを使ってください。

ホーローバット

バットごと焼く「ねじりパン」（P54）や「ハムコーンチーズパン」（P56）、「バナナチョコチップのバットケーキ」（P110）や「レモンのバットケーキ」（P111）（縦18×横13×高さ6cm）に使用しました。

パウンド型

簡単で見栄えのする人気のパウンドケーキも米粉で作れます。「キャロットケーキ」（P112）と「きな粉黒ごまパウンドケーキ」（P114）をパウンド型（縦18×横8×高さ6cm）で焼きました。

天板

オーブンの天板に直接生地を流し入れて大きなピザを焼きたい！という多くのリクエストにお応えして考えたレシピです。「ベーコンとアスパラのトマトソースピザ」（P58）、「海鮮マヨピザ」（P61）で使っています。天板が1枚しかない場合の対処法はP60の工程4を参照してください。

混ぜる道具

その他

米粉生地は泡立て器とゴムべらで混ぜるので、この2つは用意しておいてください。

泡立て器

米粉をはじめ粉類を混ぜるときに使います。粉をほぐし、ダマを作らない役割も果たします。

ゴムべら

水分や油分を加えた生地をひとまとめにするときに使います。

カード

生地に切り目を入れるときに使いますが、なければ包丁でも。

オーブンシート

型やフライパンに敷いて使うこともあります。

［ ほかにこんな米粉もあります ］

本書で使っている米粉以外にも
市販されている米粉をご紹介します。吸水率や膨らみ具合など、
それぞれ特性が違いますので、水分量などを調整しながら、
好みの米粉を見つけてください。

焼き上がりの生地　ふんわり系

リ・ファリーヌ
(群馬製粉)

名パティシエ辻口博啓氏が開発に
協力した、業界初の製菓用「米粉」。
従来の米粉はもちろん小麦粉より
も細かく粉砕した米粉は、スポンジ
ケーキやシフォンケーキなどのふ
わふわした食感のお菓子から、軽
やかな食感のタルトやパイ、スコ
ーンなどに適しています。料理の
とろみづけや揚げ物の粉などにも。

オーサワの国産米粉
(オーサワジャパン)

栽培期間中化学合成農薬・化学肥料
不使用の国産米100％使用の米粉。
パンやケーキに使用するとふんわ
り、そしてややもちもちとした食
感に、揚げ物に使用するとサクサ
クとした食感になります。自然食
品店やネットショップなどで購入
可能です。

パン用米粉ミズホチカラ
(熊本製粉)

九州で品種改良され、米粉に適し
た米「ミズホチカラ」から作られ
た米粉。ふっくらと焼き上がり、も
ちもちとした弾力のある食感のパ
ン作りに最適。原料はうるち米の
み、添加物は不使用。お菓子作りに
は、より粒子の細かい「製菓用」が
適しています。ネットショップで
購入可能です。

焼き上がりの生地　もっちり系

もへじ 米粉
(カルディ)

輸入食料品店「カルディ」で販売さ
れている米粉。栃木、茨城、千葉、
青森、秋田、新潟、山形、福井の国
産米から製造。吸水率が高いので、
食べごたえのある重めの生地に仕
上がります。クッキーなどのお菓
子から、天ぷらやシチューなどの
料理におすすめ。

PART 1

米粉でつくる

［ パン ］

本章の「米粉パン」は焼き方も膨らませ方も、さまざま。たとえば焼き方は、
電子レンジを使った時短焼きから、オーブンいらずのフライパンや炊飯器で作るスタイル、
本格的に火入れするオーブンレシピと3種の調理方法をご紹介。
また、生地を寝かせずに作れるベーキングパウダー使用の簡単ふんわりレシピ、
弾力あるパンができるドライイースト使用のもっちりレシピ、
さらにサイリウム（オオバコ）を加えて作る成形パンまで！
加えてピザ、肉まん、ベーグルのレシピもあります。

レンチン プレーンパン

レンチン　**卵・乳なし**

混ぜてから完成まで約8分！
お米もパンもない！ そんな時でも米粉さえあればすぐにできる。
忙しい朝でも、簡単・ラクチンで失敗なし。

■ **材料**（800mℓの耐熱容器1個分）

	米粉 (共立食品) …… 100g
A	きび砂糖 …… 10g
	塩 …… 少々

水 (常温) …… 100g
米油 …… 5g
ベーキングパウダー …… 10g

■ **作り方は18ページへ**

レンチン
プレーンパンの
作り方

電子レンジで作るレンチンパンの手順を写真付きで詳細にご紹介しています。P20〜P29に載っているレンチンパンを作るときも、ぜひ、こちらの写真を参照してください。

1. 油をぬる。

耐熱容器の内側に油（分量外）を薄くぬる。

4. ベーキングパウダーを加えて混ぜる。

3のボウルにベーキングパウダーを加えて、
泡立て器で手早く混ぜる。

⚠ ベーキングパウダーは水と一緒になると発泡するので後入れがポイント。入れたら手早く作業すること。

5. 容器に入れる。

1の耐熱容器に**4**の生地を
流し入れたら、ゆすって平らにならす。

2. Aを混ぜる。

ボウルにAを入れて
泡立て器でよく混ぜる。

3. 水と油を加えて混ぜる。

2のボウルに水と油を加えて、
泡立て器でさらに混ぜる。

6. レンチン！

電子レンジで3分半加熱する
（ラップはしない）。

⚠ 竹串を刺して生地が付くようなら、レンジの中にしばらく置き余熱で温める。または30秒ずつ様子を見ながら追加で加熱する。

7. 容器から出す。

生地の周囲にナイフを入れて、
容器を逆さにしてパンを取り出す。

レンチン ココアパン

〔 レンチン 〕 〔 卵・乳なし 〕

砂糖や乳製品無添加のココアを使うことで、
少しビターでコクのあるココアパンができあがります。
ふわふわの蒸しパンのような食感で、3時のおやつにぴったりです。

■ 材料 (800mℓの耐熱容器1個分)

┌ **米粉** (共立食品) ……… 85g
│ きび砂糖 ……… 20g
A│ 純ココア ……… 15g
└ 塩 ……… 少々
水 (常温) ……… 100g
米油 ……… 5g
ベーキングパウダー ……… 10g

■ 作り方

1 耐熱容器の内側に油 (分量外) を薄くぬる。

2 ボウルに**A**を入れて泡立て器でよく混ぜ、さらに水と油を加えて混ぜる。

3 **2**にベーキングパウダーを加えて泡立て器で手早く混ぜ、**1**の容器に流し入れたら、ゆすって平らにならす。

4 **3**を電子レンジで3分半加熱し (ラップはしない)、容器から取り出す。

レンチン 抹茶パン

（レンチン）（卵・乳なし）

ほのかに苦くて奥行きのある甘みを感じる抹茶パンは、
老若男女問わず人気のある味です。柑橘系のジャムなどを添えてもおいしい。
日本茶はもちろん、牛乳やコーヒーなどともよく合います。

■ 材料（800mℓの耐熱容器1個分）

```
  ┌ 米粉（共立食品）…… 100g
  │ きび砂糖 …… 20g
A │ 抹茶パウダー …… 5g
  └ 塩 …… 少々
水（常温）…… 100g
米油 …… 5g
ベーキングパウダー …… 10g
```

■ 作り方

1 耐熱容器の内側に油（分量外）を薄くぬる。

2 ボウルに**A**を入れて泡立て器でよく混ぜ、さらに水と油を加えて混ぜる。

3 **2**にベーキングパウダーを加えて泡立て器で手早く混ぜ、**1**の容器に流し入れたら、ゆすって平らにならす。

4 **3**を電子レンジで3分半加熱し（ラップはしない）、容器から取り出す。

レンチン
じゃがいもカレーパン

レンチン

卵と牛乳を使ったリッチなレンチンレシピです。
カレー風味にチーズを加えてコクをプラスしたところもポイント。
潰したじゃがいもを温かいうちに生地に混ぜることもおいしく作る秘訣です。

■ 材料 (800㎖の耐熱容器1個分)

じゃがいも ······ 100g
A
- 卵 ······ 1個
- 牛乳 ······ 50g
- ピザ用チーズ ······ 20g
- きび砂糖 ······ 10g
- カレー粉 ······ 5g
- 塩 ······ 小さじ1/4

米粉 (共立食品) ······ 60g
ベーキングパウダー ······ 5g

■ 作り方

1 耐熱容器の内側に油 (分量外) を薄くぬる。

2 じゃがいもは皮をむいて小さめに切り、別の耐熱容器に入れ、ラップをして電子レンジで3分加熱し、ボウルに入れて潰す。

3 2にAを加えて泡立て器でよく混ぜ、さらに米粉を加えて混ぜる。

4 3にベーキングパウダーを加えてゴムべらで手早く混ぜ@、1の容器に流し入れたら、ゆすって平らにならす。

5 4を電子レンジで3分加熱し (ラップはしない)、容器から取り出す。

@

レンチン アボカドパン

レンチン　**牛乳→豆乳可**

10分もあればできる、簡単レシピです。
疲労回復によいビタミンB群や食物繊維が豊富なアボカドを
練り込んだ、栄養価の高いパン。牛乳は豆乳に替えてもOKです。

■ 材料 (800㎖の耐熱容器1個分)

熟したアボカド …… 100g

A ┌ 卵 …… 1個
　│ 牛乳 …… 30g
　│ きび砂糖 …… 20g
　└ 塩 …… 小さじ1/4

米粉 (共立食品) …… 60g
ベーキングパウダー …… 5g

■ 作り方

1　耐熱容器の内側に油 (分量外) を薄くぬる。

2　熟したアボカドは種を取り皮をむいて、ボウルに入れて潰す。アボカドが固い場合は、牛乳を少し多めにして調整する。

3　**2**に**A**を加えて泡立て器でよく混ぜ、さらに米粉を加えて混ぜる。

4　**3**にベーキングパウダーを加えてゴムべらで手早く混ぜ、**1**の容器に流し入れたら、ゆすって平らにならす。

5　**4**を電子レンジで3分加熱し (ラップはしない)、容器から取り出す。

レンチン かぼちゃの クリームチーズパン

レンチン　牛乳→豆乳可

本書では、かぼちゃの皮は取り除きましたが、お好みで皮を混ぜ込んでも。
食感は変わりますが、おいしく仕上がります。甘みのあるかぼちゃと塩けのあるクリームチーズを
よく混ぜることで、くせになる甘じょっぱい味に仕上がります。

■ 材料（800mℓの耐熱容器1個分）

熟したかぼちゃ
　　……100g（皮を除いた正味）
クリームチーズ …… 30g

A
┌ 卵 …… 1個
│ 牛乳 …… 30g
│ きび砂糖 …… 10g
└ 塩 …… 小さじ1/4

米粉（共立食品）…… 60g
ベーキングパウダー …… 5g

■ 作り方

1　耐熱容器の内側に油（分量外）を薄くぬる。

2　かぼちゃは種とわたを取ってひと口大に切り、別の耐熱
　　容器に入れ、ラップをして電子レンジで3分加熱する。
　　ボウルに入れて潰し、クリームチーズを加えてゴムべら
　　で混ぜる。

3　2にAを加えて泡立て器でよく混ぜ、さらに米粉を加え
　　て混ぜる。

4　3にベーキングパウダーを加えてゴムべらで手早く混ぜ、
　　1の容器に流し入れたら、ゆすって平らにならす。

5　4を電子レンジで3分加熱し（ラップはしない）、容器から取
　　り出す。

レンチン さつま芋の 黒ごまメープルパン

レンチン ・ 牛乳→豆乳可

大学芋をイメージして作った、黒ごまの風味がアクセントになったおやつパンです。
さつま芋の糖度により、仕上がりの甘さがかわるのも楽しみのひとつ。
香ばしさのあるメープルシロップとさつまいもの甘みの相性は抜群です。

■ **材料** (800mℓの耐熱容器1個分)

さつま芋 ⋯⋯ 100g

A
┌ 卵 ⋯⋯ 1個
│ 牛乳 ⋯⋯ 40g
│ 塩 ⋯⋯ 小さじ1/4
│ メープルシロップ ⋯⋯ 大さじ1
└ 黒炒りごま ⋯⋯ 小さじ1

米粉 (共立食品) ⋯⋯ 60g

ベーキングパウダー ⋯⋯ 5g

■ **作り方**

1 耐熱容器の内側に油 (分量外) を薄くぬる。

2 さつま芋はひと口大に切り、別の耐熱容器に入れ、電子レンジで2分加熱して皮をむき、ボウルに入れて潰す。

3 2にAを加えて泡立て器でよく混ぜ、さらに米粉を加えて混ぜる。

4 3にベーキングパウダーを加えてゴムべらで手早く混ぜ、1の容器に流し入れたら、ゆすって平らにならす。

5 4を電子レンジで3分加熱し (ラップはしない)、容器から取り出す。

レンチン 長芋の
ひじきチーズパン

レンチン

ひじきとチーズを入れた、鉄分豊富な栄養パン。
チーズの塩けが味の決め手です。
長芋を入れることでふわっと仕上がります。長芋は皮つきのままおろしてもOKです。

■ **材料**（800mlの耐熱容器1個分）

長芋 ------ 100g

┌ 卵 ------ 1個
│ ピザ用チーズ ------ 20g
A きび砂糖 ------ 10g
│ 乾燥ひじき ------ 3g（水で戻して水けをきる）
└ 塩 ------ 小さじ1/4

米粉（共立食品）------ 60g

ベーキングパウダー ------ 5g

■ **作り方**

1 耐熱容器の内側に油（分量外）を薄くぬる。

2 長芋は皮をむいてすりおろし、ボウルにAを加えて泡立て器でよく混ぜ、さらに米粉を加えて混ぜる。

3 2にベーキングパウダーを加えてゴムべらで手早く混ぜ、1の容器に流し入れたら、ゆすって平らにならす。

4 3を電子レンジで3分半加熱し（ラップはしない）、容器から取り出す。

レンチン れんこん
青のりチーズパン

レンチン

すりおろしたれんこんでもっちり仕上げた、青のりの風味が豊かなレンチンパンです。
チーズを入れることで食べごたえアップ。

■ **材料**（800mlの耐熱容器1個分）

れんこん ……… 80g

┌ 卵 ……… 1個
│ ピザ用チーズ ……… 20g
A きび砂糖 ……… 10g
│ 青のり ……… 小さじ1
└ 塩 ……… 小さじ1/4

米粉（共立食品）……… 60g

ベーキングパウダー ……… 5g

■ **作り方**

1 耐熱容器の内側に油（分量外）を薄くぬる。

2 ボウルにれんこんをすりおろし、**A**を加えて泡立て器でよく混ぜ、さらに米粉を加えて混ぜる。

3 **2**にベーキングパウダーを加えてゴムべらで手早く混ぜ、**1**の容器に流し入れたら、ゆすって平らにならす。

4 **3**を電子レンジで3分加熱し（ラップはしない）、容器から取り出す。

レンチン
ココアのチョコチップ
マグカップパン

材料をマグカップに直接入れたらぐるぐる混ぜて、あとは電子レンジで1分半！
たった2分でできるお手軽でおいしいパンです。
洗い物いらずなのも嬉しいポイント。

■ 材料 (200〜250mlのマグカップ1個分)

A ┌ 米粉 (共立食品) ······ 30g
  │ きび砂糖 ······ 15g
  └ 純ココア ······ 5g
卵 ······ 1/2個分
水 (常温) ······ 小さじ1
チョコチップ ······ 大さじ1
ベーキングパウダー ······ 2.5g (小さじ1/2)

ⓐ

■ 作り方

1 マグカップにAを入れてフォークでよく混ぜる。

2 1に卵と水を加えて混ぜ、チョコチップとベーキングパウダーを加えて手早く混ぜるⓐ。
   ⚠ ベーキングパウダーは水と一緒になると発泡するので後入れがポイント。

3 2を電子レンジで1分半加熱する (ラップはしない)。
   ⚠ 竹串を刺して生地が付くようなら、レンジの中にしばらく置き余熱で温める。または30秒ずつ様子を見ながら追加で加熱する。

レンチン コーンの
チーズマグカップパン

レンチン

レンチンで作るお惣菜マグカップパンです。
小腹がすいたなと思ったら、ささっと混ぜてレンジで1分半。
小さな子どもでも作れる、簡単でおいしいレシピです。
米粉とコーンのおだやかな甘みと、チーズの塩けが合わさって
あっという間に食べてしまう！と評判の味。

■ **材料** (200〜250mlのマグカップ 1個分)

A ┌ **米粉** (共立食品) ------ 30g
　└ きび砂糖 ------ 15g
卵 ------ 1/2個分
水 (常温) ------ 小さじ1
コーン ------ 15g
プロセスチーズ ------ 15g (5mm角に切る)
ベーキングパウダー ------ 2.5g (小さじ1/2)

■ **作り方**

1 マグカップに**A**を入れてフォークでよく混ぜる。

2 1に卵と水を加えて混ぜ、コーン、チーズ、ベーキングパウダーを加えてフォークで手早く混ぜる。
　⚠ ベーキングパウダーは水と一緒になると発泡するので後入れがポイント。

3 2を電子レンジで1分半加熱する (ラップはしない)。
　⚠ 竹串を刺して生地が付くようなら、レンジの中にしばらく置き余熱で温める。または30秒ずつ様子を見ながら追加で加熱する。

レンチン きな粉のちぎりパン

レンチン　成形パン

サイリウム（P12）を加えることで、なんと成形パンまでできるんです。
耐熱容器に丸めた生地を並べたら、あとはレンチンで完成。
きな粉の香ばしくほのかに甘い風味を生かしました。

■ 材料（4個分）

A
```
┌ 米粉 (共立食品) ┄┄┄ 90g
│ きび砂糖 ┄┄┄ 30g
│ きな粉 ┄┄┄ 20g
└ ベーキングパウダー ┄┄┄ 5g
```
卵 ┄┄┄ 1個
牛乳 ┄┄┄ 70g
サイリウム ┄┄┄ 10g

■ 作り方

1 耐熱容器の内側に油 (分量外) を薄くぬる。

2 ボウルにAを入れて泡立て器でよく混ぜⓐ、さらに卵と牛乳を加えて手早く混ぜⓑ。

3 2にサイリウムを加えて泡立て器で手早くしっかり混ぜⓒ。

4 生地が重たくなってきたら、ゴムべらに持ち替えて生地がまとまるまで混ぜⓓ、1分半おくⓔ。

5 4を4等分にして丸め、耐熱容器に並べてⓕ電子レンジで3分半加熱し (ラップはしない)、容器から取り出す。丸める時に手にくっつく場合は手を水でぬらすとよい。

レンチン 紅茶のちぎりパン

（レンチン）（成形パン）

10分もあれば完成！ レンチンきな粉のちぎりパン（P34）のアレンジレシピです。
紅茶風味のパンには甘酸っぱい杏ジャムや柑橘のママレードがよく合います。
紅茶はお好みのもので楽しんでください。

■ 材料 (4個分)

A
┌ **米粉** (共立食品) ┄┄┄ 100g
│ きび砂糖 ┄┄┄ 30g
│ **ベーキングパウダー** ┄┄┄ 5g
└ 紅茶の粉末* ┄┄┄ 3g
卵 ┄┄┄ 1個
牛乳 ┄┄┄ 70g
サイリウム ┄┄┄ 10g

＊好みの紅茶の茶葉をミルサーやすりこ
ぎなどで粉状にする。ティーバッグの茶
葉は細かいのでそのままOK。

■ 作り方

1 耐熱容器の内側に油 (分量外) を薄くぬる。

2 ボウルに**A**を入れて泡立て器でよく混ぜ、さら
に卵と牛乳を加えて手早く混ぜる。

3 **2**にサイリウムを加えて泡立て器で手早くしっ
かり混ぜる。生地が重たくなってきたらゴムべ
らに持ち替えて生地がまとまるまで混ぜ、1分半
おく。

4 **3**を4等分にして丸め、耐熱容器に並べて電子レ
ンジで3分半加熱し (ラップはしない)、容器から取り
出す。丸める時に手にくっつく場合は手を水で
ぬらすとよい。

レンチン チョコちぎりパン

【レンチン】 【成形パン】

ココアベースのビターな生地に甘いチョコチップを
たっぷり混ぜ込んだおやつパンです。
とろりと溶けたチョコが顔を出す、焼きたてのおいしさをぜひ味わってください。

■ 材料 (4個分)

A
- **米粉** (共立食品) ……90g
- きび砂糖 ……30g
- 純ココア ……20g
- **ベーキングパウダー** ……5g

- 卵 ……1個
- 牛乳 ……70g
- **サイリウム** ……10g
- チョコチップ ……30g

■ 作り方

1 耐熱容器の内側に油 (分量外) を薄くぬる。

2 ボウルに**A**を入れて泡立て器でよく混ぜ、さらに卵と牛乳を加えて手早く混ぜる。

3 **2**にサイリウムとチョコチップを入れ泡立て器で手早くしっかり混ぜる。生地が重たくなってきたらゴムべらに持ち替えて生地がまとまるまで混ぜ、1分半おく。

4 **3**を4等分にして丸め、耐熱容器に並べて電子レンジ3分半加熱し (ラップはしない)、容器から取り出す。丸める時に手にくっつく場合は手を水でぬらすとよい。

プレーン豆腐パン

フライパン 成形パン 卵・乳なし

まるでイングリッシュマフィンのよう。
豆腐と米粉を混ぜることで、もっちりした生地に焼き上がります。
フライパンでこんがり焼くことで、表面はカリッと香ばしい仕上がりに。

■ **材料** (4個分)

A
┌ 豆腐 (絹ごしでも木綿でも) …… 150g
│ きび砂糖 …… 15g
│ 米油 …… 15g
└ 塩 …… 少々

米粉 (共立食品) …… 100g

ベーキングパウダー …… 5g

■ 作り方は40ページへ

プレーン
豆腐パンの
作り方

フライパンで作る豆腐パンの
手順を写真付きで詳細にご紹
介しています。P42に載って
いる豆腐パンを作るときも、
ぜひ、こちらの写真を参照し
てください。

1. Aを混ぜる。

ボウルに**A**を入れて
泡立て器でよく混ぜる。

4. 丸める。

手を水でぬらして**3**を丸めて平らにし、
中火で熱したフライパンに並べる。
⚠ フライパンにコーティングがされていなければ油をぬる。

5. 焼く。

フライパンにふたをして、
弱火で5分焼く。裏返してふたをして、
さらに5分焼く。

2. 米粉を混ぜる。

1に米粉とベーキングパウダーを
加えてゴムべらで手早く混ぜ、
耳たぶより柔らかめの生地にする。

⚠ ベーキングパウダーは水と一緒になると発泡するので
後入れがポイント。入れたら手早く作業すること。

⚠ 豆腐の種類によって水分量が異なるので、
まとまらない場合は、常温の水を10gずつ加えて調整する。

3. 4等分にする。

2を4等分にする。

豆腐コーン枝豆パン

(フライパン) (成形パン) (卵・乳なし)

プレーン豆腐パン (P38) にコーンと枝豆を加えたアレンジレシピ。
コーンと枝豆のプチプチした食感が楽しいスナックパンです。
腹持ちもいいパンなので、お弁当などにもぜひ。

■ 材料 (4個分)

┌ 豆腐 (絹ごしでも木綿でも) ······ 150g
│ きび砂糖 ······ 15g
A │ 米油 ······ 15g
└ 塩 ······ 小さじ1/2
米粉 (共立食品) ······ 100g
ベーキングパウダー ······ 5g
コーン ······ 30g
枝豆 (冷凍) ······ 30g

■ 作り方

1 ボウルに**A**を入れて泡立て器でよく混ぜる。

2 **1**に米粉とベーキングパウダーを加えてゴムべらで手早く混ぜ、耳たぶより柔らかめの生地にする。
　⚠ 豆腐の種類によって水分量が異なるので、まとまらない場合は、常温の水を10gずつ加えて調整する。

3 **2**にコーンと枝豆を加えてゴムべらでまとめ、4等分する。

4 手を水でぬらして**3**を丸めて平らにし、中火で熱したフライパンに並べる。
　⚠ フライパンにコーティングがされていなければ油をぬる。

5 フライパンにふたをして**4**を弱火で5分焼き、裏返してふたをしてさらに5分焼く。

ヨーグルトパン

フライパン　成形パン　卵なし

米粉にヨーグルトを混ぜて、
やや酸味のあるさっぱりした味わいのパンにしました。
生地がゆるい場合は、手で丸めずにスプーンですくって落としながら焼いてもOKです。

■ 材料（2個分）

```
    米粉 (共立食品) ……… 100g
    ヨーグルト (プレーン) ……… 80g
A   きび砂糖 ……… 10g
    米油 ……… 10g
    ベーキングパウダー ……… 5g
    塩 ……… 少々
```

■ 作り方

1 ボウルに**A**を入れて泡立て器でよく混ぜる。

　▲ ヨーグルトの種類によって水分量が異なるので、まとまらない
　場合は、常温の水を10gずつ加えて調整する。

2 手を水でぬらして**1**を半量ずつ丸めて平らにし、
中火で熱したフライパンに並べる。

　▲ フライパンにコーティングがされていなければ油をぬる。
　▲ 生地がゆるい場合はスプーンなどでフライパンに落とす。

3 フライパンにふたをして**2**を弱火で5分焼き、
裏返してふたをしてさらに5分焼く。

バナナパン

`フライパン` `成形パン` `卵・乳なし`

バナナを練りこんだ甘くしっとりした米粉パン。
直径20cmの丸く平べったいパンは、
ちぎりながら食べても、ホットケーキのように食べても。
もちろん、小さなサイズで焼いても大丈夫です。

■ **材料** (1個分)

┌ 熟したバナナ ⋯⋯ 100g
A きび砂糖 ⋯⋯ 10g
└ 塩 ⋯⋯ 小さじ1/4
米粉 (共立食品) ⋯⋯ 100g
ベーキングパウダー ⋯⋯ 5g

■ **作り方**

1 ボウルに**A**を入れてバナナをフォーク
で潰しながら混ぜる。

2 **1**に米粉とベーキングパウダーを加え
ゴムべらで手早く混ぜる@。

3 中火で熱したフライパンに**2**を流し入
れ、直径20cmにするⓑ。ふたをして弱
火で5分焼き、裏返してふたをしてさ
らに5分焼く。

⚠ フライパンにコーティングがされていなければ油
をぬる。
＊バナナの水分量によって仕上がりが異なるため生地
がまとまらない場合は、常温の水大さじ1程度を加え
て調整する。

フライパンちぎりパン

`フライパン` `成形パン` `卵・乳なし`

シンプルに米粉の風味を味わえる、米粉ちぎりパン。
ドライイーストを使ってふっくらと発酵させて
フライパンで焼きます。オーブンで焼く本格的な米粉パンに
勝るとも劣らない味と弾力が魅力です。

■ **材料**（8個分）

米粉 (共立食品)	200g
片栗粉	20g
A きび砂糖	20g
ドライイースト	4g
塩	3g
B 水 (常温)	200g
米油	20g
サイリウム	8g

フライパン ちぎりパンの 作り方

フライパンで作るちぎりパンの手順を写真付きで詳細にご紹介しています。P48〜P49に載っているちぎりパンを作るときも、ぜひ、こちらの写真を参照してください。

1. シートを敷く。

フライパンにオーブンシートを敷く。

2. AとBを混ぜる。

ボウルにAを入れて泡立て器でよく混ぜる。Bを加えてさらに混ぜる。

3. サイリウムを混ぜる。

2のボウルにサイリウムを加えて泡立て器で混ぜ、生地が重たくなったらゴムべらに持ち替えてしっかり混ぜる。

4. 手で混ぜる。

3がまとまったら、さらに手で滑らかになるまで混ぜる。

5. 生地を丸める。

4を8等分にして丸め、1のフライパンに並べる。

⚠ 丸める時に手にくっつく場合は、手を水でぬらすとよい。

6. 発酵させる。

5のフライパンにふたをして中火に15秒かけたら火を止める。そのまま15分おいて発酵させる。途中フライパンの温度が下がったら再び中火で5秒温める。生地がひとまわり大きくなったらOK。

7. 焼く。

ふたをしたまま弱火で15分焼く。底に焼き色がついたらミトンをはめた手でオーブンシートごと取り出し、下に敷いていたオーブンシートを抜き取り、生地の上にかぶせてから裏返し、フライパンに戻し再びふたをして10分焼く。

ソーセージちぎりパン

子どもたちの大好きなソーセージパンが簡単にできます！
ちょっとジャンクな味は、ビールにもぴったり。バーベキューのお供にいかがでしょう。

フライパン　成形パン　卵・乳なし

■ 材料（8個分）

A	**米粉**（共立食品）	200g
	片栗粉	20g
	きび砂糖	20g
	ドライイースト	4g
	塩	3g
B	水（常温）	200g
	米油	20g
	サイリウム	8g
	ソーセージ	4本

■ 作り方

1 フライパンにオーブンシートを敷く。ボウルに**A**を入れて泡立て器でよく混ぜる。**B**を加えてさらに混ぜる。

2 **1**にサイリウムを加えて泡立て器で混ぜ、生地が重たくなったらゴムべらに持ち替えてしっかり混ぜる。生地がまとまったら、さらに手で滑らかになるまで混ぜる。

3 **2**を4等分にし、丸めて手で潰し、楕円形にする。
⚠ 丸める時に手にくっつく場合は、手を水でぬらすとよい。

4 **3**でソーセージを1本ずつ包み ⓐ、半分に切る ⓑ。**1**のフライパンに切り口を下にして並べる。

5 ふたをして中火に15秒かけたら火を止める。そのまま15分おいて発酵させる。途中フライパンの温度が下がったら再び中火で5秒温める。生地がひとまわり大きくなったらOK。

6 ふたをしたまま弱火で15分焼いて底に焼き色がついたらミトンをはめた手でオーブンシートごと取り出し、下に敷いていたオーブンシートを抜き取り、生地の上にかぶせてから裏返し、フライパンに戻し再びふたをして10分焼く。

ジャムちぎりパン

フライパン　成形パン　卵なし

ジャムとクリームチーズを包んだ食べごたえのあるおやつパン。
焼きたての熱々は絶品です。ジャムは好みのものでOK。
生地の作り方や焼き方は同じなので、手順の写真などはぜひ、そちらを参考にしてください。

■ **材料**（8個分）

	米粉（共立食品）	200g
	片栗粉	20g
A	きび砂糖	20g
	ドライイースト	4g
	塩	3g
B	水（常温）	200g
	米油	20g
	サイリウム	8g
	クリームチーズ	160g
	ジャム	小さじ8

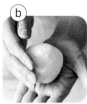

■ **作り方**

1　フライパンにオーブンシートを敷く。ボウルに**A**を入れて泡立て器でよく混ぜる。**B**を加えてさらに混ぜる。

2　**1**にサイリウムを加えて泡立て器で混ぜ生地が重たくなったらゴムべらに持ち替えてしっかり混ぜる。生地がまとまったら、さらに、手で滑らかになるまで混ぜる。

3　8等分にし、丸めて手で潰して円形にする。中心にジャムを置きクリームチーズをのせて包んで⒜、丸める⒝。
⚠丸める時に手にくっつく場合は、手を水でぬらすとよい。

4　**1**のフライパンに**3**を並べ、ふたをして中火に15秒かけたら火を止める。そのまま15分おいて発酵させる。途中フライパンの温度が下がったら再び中火で5秒温める。生地がひとまわり大きくなったらOK。

5　ふたをしたまま弱火で15分焼いて底に焼き色がついたらミトンをはめた手でオーブンシートごと取り出し、下に敷いていたオーブンシートを抜き取り、生地の上にかぶせてから裏返し、フライパンに戻し再びふたをして10分焼く。

5合炊き 炊飯器パン

炊飯器　卵・乳なし

生地を混ぜて、炊飯器に流し入れてスイッチオン！
イーストで発酵させて作る弾力のあるおいしい米粉パンが、
ごはんを炊くように炊飯器で簡単に作れます。

■ **材料**（5合炊き炊飯器1台分）

A	**米粉**（共立食品）	200g
	きび砂糖	20g
	ドライイースト	4g
	塩	3g
B	ぬるま湯（36~40℃）*	
		140g
	米油	20g

＊温度計がない場合は指を入れて
温かいくらいの温度でOK。

5合炊き 炊飯器パンの 作り方

1. AとBを混ぜる。

ボウルに**A**を入れて泡立て器で
よく混ぜる。**B**を加えて、ゴムベ
らに持ち替えてさらに滑らかに
なるまで混ぜる。

2. 炊飯器に入れる。

炊飯器に**1**を流し入れる。

⚠内釜にコーティングがされていなけれ
ば油をぬる。

3. 発酵させる。

ぬれ布巾をかぶせてふたを開け
たまま保温スイッチを押し、10
〜20分発酵させる。

4. 焼く。

ひとまわり大きくなったらふた
をして、炊飯スイッチを押す。

⚠焼き上がりに竹串を刺して生地が付いて
きたら、再度スイッチを押して加熱する。

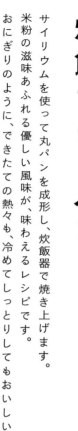

炊飯ちぎりパン

炊飯器　成形パン　卵・乳なし

サイリウムを使って丸パンを成形し、炊飯器で焼き上げます。

米粉の滋味あふれる優しい風味が、味わえるレシピです。

おにぎりのように、できたての熱々も、冷めてしっとりしてもおいしいんです。

■ 材料 (8個分)

A
- **米粉** (共立食品) ……… 200g
- 片栗粉 ……… 20g
- きび砂糖 ……… 20g
- **ドライイースト** ……… 4g
- 塩 ……… 3g

B
- 水 (常温) ……… 200g
- 米油 ……… 20g

サイリウム ……… 8g

■ 作り方

1. ボウルに**A**を入れて泡立て器でよく混ぜる。**B**を加えさらに混ぜる。

2. **1**にサイリウムを加えて泡立て器で手早く混ぜ、生地が重たくなったらゴムべらに持ち替えてしっかり混ぜる。

3. **2**の生地がまとまったら手で滑らかになるまで混ぜ、8等分にして丸める。

   ⚠ 丸める時に手にくっつく場合は、手を水でぬらすとよい。

4. 炊飯器に**3**を並べ入れ、ぬれ布巾をかぶせてふたを開けたまま保温スイッチを押し、10〜20分保温し、発酵させる@。

   ⚠ 内釜にコーティングがされていなければ油をぬる。
   ⚠ ふたを開けて発酵させる様子はP50を参照してください。

5. ひとまわり大きくなったら⑥ふたをして、炊飯スイッチを押す。

   ⚠ 焼き上がりに竹串を刺して生地が付いてきたら、再度スイッチを押して加熱する。

肉まん

炊飯ちぎりパン（P52）をベースにしたアレンジレシピです。蒸し器を使わず、炊飯器で簡単に、本格的な米粉肉まんができます。

炊飯器　卵・乳なし

■ 材料（3個分）

- 米粉（共立食品）…… 150g
- 片栗粉 …… 15g
- **A** きび砂糖 …… 15g
  - ドライイースト …… 3g
  - 塩 …… 2g
- **B** 水（常温）…… 150g
  - 米油 …… 15g
- サイリウム …… 6g

[餡]

- 豚ひき肉 …… 120g
- 玉ねぎ …… 100g（みじん切り）
- **C** 米粉（共立）…… 大さじ1
  - 鶏ガラスープの素 …… 小さじ1
  - 塩・こしょう …… 各少々

■ 作り方

1 ボウルに**C**を入れてよくこね、3等分する。

2 別のボウルに**A**を入れて泡立て器で混ぜる。**B**を加え、さらに混ぜる。

3 **2**にサイリウムを加えて泡立て器で手早く混ぜ、生地が重くなったらゴムべらに持ち替えてしっかり混ぜる。

4 **3**の生地がまとまったら手で滑らかになるまで混ぜ、3等分にして丸める。
　▲丸める時に手にくっつく場合は、手を水でぬらすとよい。

5 **4**を手で直径13cm程度に広げて**1**の具を包み、ひだを作るように包んでいく ⓐ。

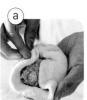

6 炊飯器に**5**を並べ入れ、ぬれ布巾をかぶせてふたを開けたまま保温スイッチを押し、10〜20分保温し発酵させる。
　▲内釜にコーティングがされていなければ油をぬる。
　▲ふたを開けて発酵させる様子はP50を参照してください。

7 ひとまわり大きくなったらⓑ、ふたをして、炊飯スイッチを押す。
　▲焼き上がりに、火がしっかり通っていなければ再度スイッチを押す。

ねじりパン

`オーブン` `成形パン` `卵・乳なし`

ココア風味とプレーンの2種類の味に、
アーモンドの香ばしさをプラスした、
ちょっとリッチなねじりパンです。
サイリウムを加えれば、
ここまで複雑な成形パンもできるんです!

■ **材料** (18×12×6cmのホーロー バット1個分)

A
- **米粉** (共立食品) ······ 150g
- きび砂糖 ······ 30g
- 片栗粉 ······ 10g
- **ドライイースト** ······ 3g
- 塩 ······ 2g

B
- 水 (常温) ······ 150g
- 米油 ······ 10g

- **サイリウム** ······ 6g
- 純ココア ······ 小さじ1
- アーモンドスライス ······ 10g
- グラニュー糖 ······ 大さじ1/2

54

ねじりパンの作り方

1 ボウルに**A**を入れ泡立て器で混ぜる。**B**を加え、さらに混ぜる。

2 **1**にサイリウムを加えて泡立て器で手早く混ぜ、生地が重たくなったらゴムべらに持ち替えてしっかり混ぜる。

3. ココアパウダーを混ぜる。

2の生地を半量取り分け、ココアパウダーを加えて練り込む。

4. 切って重ねる。

プレーン生地の上に**3**のココア生地を重ねる。半分に切り、さらに重ねる。

5. さらに切って重ねる。

4の生地を縦半分に切り、重ねる。

6. 三つ編みにする。

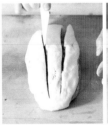

5の生地を押し広げて楕円状に成形し、2本切り込みを入れて三つ編みにする。

7. 焼く。

バットに油をぬって**6**を入れ、表面に油(分量外)を薄くぬる。オーブンに入れて40℃で20分発酵させる。バットを取り出してオーブンを180℃に予熱する。グラニュー糖とアーモンドスライスをまぶし、180℃のオーブンで20分焼く。焼き上がったらバットから出す。

ハムコーンチーズパン

オーブン **成形パン**

パン屋さんでも人気のお惣菜パン、ハムコーンチーズパンも米粉で作れます。
焼きたてをぜひ召し上がってください。

■ **材料** (18×12×6cmのホーローバット1個分)

A
- **米粉 (共立食品)** ——— 150g
- きび砂糖 ——— 15g
- 片栗粉 ——— 10g
- **ドライイースト** ——— 3g
- 塩 ——— 2g

B
- 水 (常温) ——— 150g
- 米油 ——— 10g

サイリウム ——— 6g
マヨネーズ ——— 大さじ1
ハム ——— 4枚
コーン ——— 30g
ピザ用チーズ ——— 50g
米油 ——— 適量

■ **作り方**

1 ボウルにAを入れ泡立て器で混ぜる。Bを加え、さらに混ぜる。

2 1にサイリウムを加えて泡立て器で手早く混ぜ、生地が重たくなったらゴムべらに持ち替えてしっかり混ぜる。

3 2の生地は20×15cmに手で押しながら広げるⓐ。

4 3にマヨネーズ、ハム、コーンの順にのせて巻くⓑ。

5 4を6等分に切るⓒ。

6 バットに油 (分量外) を薄くぬり、5を断面を上にして並べ入れ表面に油を薄くぬる。オーブンに入れて40℃で20分発酵させる。バットを取り出してオーブンを180℃に予熱する。

7 6にチーズをのせてⓓ、180℃のオーブンで20分焼く。

ベーコンとアスパラの
トマトソースピザ

オーブン **卵なし**

天板にピザ生地を直接流し入れて、
もう1枚の天板でふたをして焼き上げる、大判サイズの米粉ピザです。
お餅とパンの間のもっちり食感は、米粉ピザならでは!
天板が2枚ない場合はオーブンシートとアルミ箔で代用できます。

■ **材料** (35cm×25cmの天板1枚分)

A ┌ **米粉** (共立食品) ⋯⋯ 400g
　│ きび砂糖 ⋯⋯ 40g
　│ **ドライイースト** ⋯⋯ 8g
　└ 塩 ⋯⋯ 6g

B ┌ ぬるま湯 (36〜40℃) * ⋯⋯ 300g
　└ 米油 ⋯⋯ 40g

ベーコン (1cmに切る) ⋯⋯ 100g
アスパラガス ⋯⋯ 5本 (斜めに切り電子レンジで2分加熱)
ピザ用チーズ ⋯⋯ 100g

*温度計がない場合は指を入れて温かいくらいの温度でOK。

[トマトソース]

トマト水煮缶 ⋯⋯ 1缶 (400g)
オリーブオイル ⋯⋯ 大さじ1
にんにく ⋯⋯ 1かけ (みじん切り)
塩 ⋯⋯ 小さじ1/2
こしょう ⋯⋯ 少々

■ **トマトソースを作る**

フライパンにオリーブオイルとにんにくを入れて弱めの中火にかけ、香りが
立ったらトマトの水煮を加えて10分煮詰め、塩とこしょうで味を調える。

ベーコンと
アスパラの
トマトソースピザ
の作り方

1. Aを混ぜる。

ボウルにAを入れて泡立て器で混ぜる。

2. Bを混ぜる。

Bを加え、ゴムべらに持ち替えて滑らかになるまで混ぜる。

3. 天板に流し入れる。

天板にオーブンシートを敷き、2の生地を流し入れて、隅までならす。

4. 天板でふたをする。

3にもう1枚の天板をかぶせる。

⚠天板がない場合はオーブンシートとアルミ箔を二重にかぶせる。

5. 発酵させる。

4をオーブンに入れて40℃で15〜20分発酵させる。生地がひと回り大きくなったら取り出す。

⚠発酵時間は季節によって異なるので生地の様子を見ながら調整する。夏は短く冬は長めに。

6. 具をのせる。

オーブンを160℃に予熱する。5の生地にトマトソースをスプーンで広げ、ベーコンとアスパラとチーズを全体にのせる。

7. 焼く。

6にもう1枚の天板をかぶせて10分焼き、温度200℃に上げてさらに15分焼く。

8. また焼く。

かぶせた天板をはずして、さらに10分焼く。

海鮮マヨピザ オーブン

米粉のピザ生地は、ベーコンとアスパラのトマトソースピザ（P58）と同じです。天板を利用した大きなピザは見た目も華やかなのでおもてなしや、お祝いの食卓にも映えます。好みの具でアレンジしてオリジナルピザも作ってみてください。

■ 材料 (35cm×25cm天板1枚分)

A
- 米粉 (共立食品) …… 400g
- きび砂糖 …… 40g
- ドライイースト …… 8g
- 塩 …… 6g

B
- ぬるま湯 (36~40℃) * …… 300g
- 米油 …… 40g

シーフードミックス
(解凍し、ペーパーで水けをきる)
…… 1袋(250g)

ブロッコリー …… 1/2株

コーン …… 100g

ピザ用チーズ …… 100g

C
- マヨネーズ …… 50g
- しょうゆ …… 小さじ2

*温度計がない場合は指を入れて温かいくらいの温度でOK。

■ 下準備

ブロッコリーは小房に分けて耐熱容器に入れ、大さじ1の水を加えラップをする。電子レンジで2分加熱して小さく割く。

■ 作り方

1 ボウルにAを入れて泡立て器で混ぜる。Bを加えてゴムべらに持ち替えて滑らかになるまで混ぜる。

2 天板にオーブンシートを敷き、1の生地を流し入れて隅までならす。もう1枚の天板をかぶせて40℃に予熱したオーブンに入れて15〜20分発酵させる。生地がひとまわり大きくなったら取り出す。

⚠発酵時間は季節によって異なるので生地の様子を見ながら調整する。夏は短く冬は長めに。

3 オーブンを160℃に予熱する。混ぜ合わせたCを2の全面にかけ、シーフードミックス、ブロッコリー、コーン、チーズをのせる。

⚠天板がない場合はオーブン用シートとアルミ箔を二重にかぶせる。

4 もう1枚の天板をかぶせて、オーブンで10分焼き、温度を200℃に上げてさらに15分焼く。かぶせた天板をはずして、さらに10分焼く。

基本の丸パン

オーブン 　成形パン 　卵・乳なし

オーブンで焼くシンプルな米粉パン。
ベーキングパウダーで膨らませるので、
焼くまでの下準備は10分程度。
思い立ったら、気軽に作れるのも
嬉しいポイントです。

■ 材料（4個分）

A
米粉 (共立食品) ⋯⋯ 100g
片栗粉 ⋯⋯ 10g
きび砂糖 ⋯⋯ 10g
ベーキングパウダー ⋯⋯ 5g
サイリウム ⋯⋯ 4g
塩 ⋯⋯ 1.5g

B
水 (常温) ⋯⋯ 100g
米油 ⋯⋯ 10g
レモン果汁 ⋯⋯ 5g

基本の丸パン の作り方

1. Aを混ぜる。

ボウルにAを入れて泡立て器で混ぜる。

2. Bを混ぜる。

1にBを加え、ゴムべらに持ち替えて手早く混ぜる。

3. こねる。

まとまってきたら手で滑らかになるまで手でこねる。

4. 丸める。

3を4等分にして丸める。

▲ 丸める時に手にくっつく場合は、手を水でぬらすとよい。

5. 油をぬる。

4の生地の表面に油(分量外)を薄くぬる。

6. 焼く。

5の生地にナイフでクープ(切り目)を入れ、220℃のオーブンで18分焼く。

レーズンパン

オーブン　成形パン　卵・乳なし

表面にグラニュー糖をまぶして、カリッと焼き上げたレーズン米粉パン。
香ばしくて、中はもっちりして、たっぷり入れたレーズンの甘みがアクセントになり、
手が止まらないおいしさです。

■ **材料**（2個分）

A
- **米粉** (共立食品) ⋯⋯⋯ 100g
- きび砂糖 ⋯⋯⋯ 15g
- 片栗粉 ⋯⋯⋯ 10g
- **ベーキングパウダー** ⋯⋯⋯ 5g
- **サイリウム** ⋯⋯⋯ 4g
- 塩 ⋯⋯⋯ 1.5g

B
- 水 (常温) ⋯⋯⋯ 100g
- 米油 ⋯⋯⋯ 10g
- レモン果汁 ⋯⋯⋯ 5g

レーズン ⋯⋯⋯ 30g
グラニュー糖 ⋯⋯⋯ 大さじ1/2

■ **下準備**

・天板にオーブンシートを敷く。
・オーブンを220℃に予熱する。

■ **作り方**

1　ボウルに**A**を入れて泡立て器で混ぜる。**B**を加え、ゴムべらに持ち替えて手早く混ぜる。

2　1の生地がまとまったらレーズンを加え、滑らかになるまで手でこねる。

3　2を2等分して丸め、表面に薄く油 (分量外) をぬり、ナイフでクープ (切り目) を入れる。
⚠ 丸める時に手にくっつく場合は、手を水でぬらすとよい。

4　3にグラニュー糖をまぶして、220℃のオーブンで18分焼く。

納豆キムチの即席ピザ

`オーブン` `成形パン`

ベーキングパウダーで膨らませるので、発酵時間も必要なし。
手軽にあっという間に作れるピザ。具材も納豆やキムチなど冷蔵庫に常備してあるものなので
食べたいと思ったらすぐに作れます。おやつから晩酌のお供まで、大活躍のメニューです。

■ 材料（直径20cmのもの1枚分）

A
- 米粉 **(共立食品)** ······ 100g
- 片栗粉 ······ 10g
- きび砂糖 ······ 10g
- ベーキングパウダー ······ 5g
- サイリウム ······ 4g
- 塩 ······ 1.5g

B
- 水 ······ 100g
- 米油 ······ 10g
- レモン果汁 ······ 5g

マヨネーズ ······ 大さじ1
白菜キムチ ······ 50g（刻む）
納豆（ひきわり）······ 1パック
大葉 ······ 8枚
ピザ用チーズ ······ 30g
刻みのり ······ 適量

■ 下準備

・天板にオーブンシートを敷く。
・オーブンを190℃に予熱する。

■ 作り方

1　ボウルにAを入れて泡立て器でよく混ぜる。
Bを加えゴムベラに持ち替えて手早く混ぜる。

2　1の生地がまとまったら滑らかになるまで手
でさっとこねる。天板に手で押し広げて直径
20cmにのばす。

3　2の生地全体にマヨネーズをぬり、納豆とキ
ムチを混ぜて全体にのせ、チーズを散らし、
190℃のオーブンで12分焼く。

4　焼き上がった3にのりを散らす。

米粉ベーグル

オーブン　成形パン　卵・乳なし

サイリウムを使えば、米粉でベーグルもできるんです。
一度ゆでることで優しくもっちりした食感に。
片栗粉を少し入れることで、表面はパリッとした食感になります。
かみしめるほどに、米粉の甘い風味が口いっぱいに広がります。

■ 材料（2個分）

A
- **米粉** (共立食品) ······ 100g
- 片栗粉 ······ 10g
- きび砂糖 ······ 10g
- **ベーキングパウダー** ······ 5g
- **サイリウム** ······ 4g
- 塩 ······ 1.5g

B
- 水 (常温) ······ 100g
- 米油 ······ 5g
- レモン果汁 ······ 5g

■ 下準備

・天板にオーブンシートを敷く。

■ 作り方

1 フライパンに湯を沸かし沸騰させる。

2 ボウルに**A**を入れて泡立て器でよく混ぜる。**B**を加えてゴムべらに持ち替えて手早く混ぜる。

3 **2**の生地がまとまったら滑らかになるまで手でこねる。
⚠ 丸める時に手にくっつく場合は、手を水でぬらすとよい。

4 **3**の生地を2等分にして、手で長さ20cmの楕円形に広げる@。手前から丸めて棒状にし⑥、端をくっつけて輪にする©。

5 オーブンシートに**4**をのせ、フライパンに入れて30秒ほどゆでる@。表面に、スプーンで湯をかけるとよい。

6 **5**を240℃に予熱したオーブンで20分焼く。

PART 2

米粉でつくる

［料理］

パンだけでなく、「米粉を料理にも活用してグルテンフリーな生活をしたい」、
「パンを作るために買った米粉を料理にも使えたら便利だな」と思われている方のために、
本章では「米粉料理」をご紹介します。
米粉で作る、もっちり食感のぎょうざやうどんをはじめ、
米粉ホワイトソースで作るグラタンやシチュー、
米粉でとろみをつけたエスニックや和食、揚げ物などバラエティ豊か。

米粉ぎょうざ

卵・乳なし

ぎょうざの米粉生地はもっちもち。
ひと口ほおばると、中から肉汁がジュワッと出てくるそれは、
手作り焼きぎょうざならではのおいしさです。
皮がすぐに乾いてしまうため、皮をまとめて作らず、
円形に広げたらすぐに餡を包むこともおいしく作るポイント。

■ **材料** (10個分)

[餡]

豚挽き肉 ------ 100g

キャベツ ------ 60g (みじん切り)

にら ------ 30g (みじん切り)

にんにく ------ 小さじ1/2 (すりおろし)

しょうが ------ 小さじ1/2 (すりおろし)

しょうゆ ------ 小さじ1/2

オイスターソース ------ 小さじ1

ごま油 ------ 小さじ1

[皮]

A ┌ **米粉** (共立食品) ------ 150g
│ 片栗粉 ------ 50g
│ きび砂糖 ------ 10g
│ **サイリウム** ------ 8g
└ 塩 ------ 小さじ1/4

水 (常温) ------ 160g

米油 ------ 小さじ2

■ 作り方は70ページへ

米粉ぎょうざの作り方

1. 餡を作る。

ボウルに餡の材料をすべて入れ、
粘りけが出るまで手でよく混ぜる。

2. 皮の材料を混ぜる。

ボウルに**A**を入れて泡立て器でよく混ぜ、
水と油を加えてゴムべらで混ぜる。

5. 生地を円形にする。

4の生地を手で潰し、
直径11cmの円形にのばす。

⚠ 時間がかかる場合は乾燥しないようにラップをする。

6. 餡を包む。

5の生地の中心に餡を1/10量のせ、
ふちを指でつまんでひだを寄せて
しっかり閉じる。縁に水はつけなくてOK。

⚠ 生地が乾燥しないように1枚広げて包むを手早く繰り返す。
⚠ 時間がかかる場合は乾燥しないようにラップをする。

3. こねる。

生地を滑らかになるまで
手でよくこねて、ひとかたまりにする。

4. 10等分にする。

3の生地を10等分にする。

7. フライパンに並べる。

フライパンにごま油（分量外）を薄くひいて
中火で熱し、**6**を並べる。

8. 蒸し焼きにする。

7のフライパンに底から1cm程度の高さまで
水を入れてふたをし、蒸し焼きにする。
水分がなくなったらふたをはずし、
強火で焼き色がつくまで焼く。

汁うどん

米粉うどんの作り方は
74ページを参照してください

卵・乳なし

温かい和風だしでいただくシンプルな汁うどんは、おやつに、夜食に大活躍。
小麦粉で作るうどんのように、何度もこねたり、長時間寝かせる必要はありません。
生地を混ぜてからゆで上がるまで20分程度と、短時間でできるのもいいところです。
また減塩うどんでもあります!

■ **材料** (2人分)

米粉うどん (P74参照) …… 全量

[スープ]

水 …… 600g
酒 …… 大さじ1
みりん …… 大さじ1
しょうゆ …… 大さじ1
和風だし (粉末) …… 小さじ1
塩 …… 小さじ1/4

[具]

小ねぎ …… 適量 (小口切り)
かまぼこ …… 適量

■ **作り方**

1 つゆを作る。鍋につゆの材料を
すべて入れて沸騰させる。

2 器に米粉うどんを1人分ずつ入
れ、1のつゆを注ぎ、小ねぎとか
まぼこを添える。

サラダうどん

乳なし

米粉うどんが作れれば、夏には冷たいうどんも楽しめます。
おすすめは、野菜をどっさりのせた栄養たっぷりのサラダうどん。
ツルツルとしてのどごしのいい米粉うどんは、冷やしうどんに最適です。

■ **材料** (2人分)

米粉うどん (P74参照) …… 全量

[トッピング]

レタス …… 2枚 (ちぎる)
きゅうり …… 1/2本 (せん切り)
オクラ …… 4本 (塩ずりしてゆでて斜めに切る)
シーチキン …… 1缶
ミニトマト …… 4個 (半分に切る)
コーン …… 30g
麺つゆ (ストレート) …… 適量
マヨネーズ …… 大さじ2

■ **作り方**

器に米粉うどんを1人分ずつ入れ、
具をトッピングし、めんつゆをか
け、マヨネーズを添える。

米粉うどんの作り方

■ **材料**（2人分）

	米粉 (共立食品)	……	200g
A	サイリウム	……	8g
	塩	……	5g
水 (常温)		……	180g〜

1. Aを混ぜる。

ボウルに**A**を入れて泡立て器で混ぜる。

2. 水を加えて混ぜる。

1のボウルに水を加え、
ゴムべらで混ぜる。

5. 包丁で切る。

4の生地を包丁で0.5㎜幅に切る。

⚠ 麺がくっつく場合は生地に米粉を打ち粉するとよい。
⚠ ゆでるまでに時間があく場合は必ずラップなどして乾燥を防ぐ。

6. ゆでる。

5の生地を沸騰した湯に入れて、
箸で優しくほぐしたら、
そのまま浮いてくるまでゆでる。

⚠ ゆでるときに触りすぎると麺が切れるので優しく扱う。

汁うどん

サラダうどん

（作り方は73ページへ）

3. こねる。

生地を滑らかになるまで
手でよくこねて、ひとかたまりにする。

4. 生地をのばす。

台に米粉（分量外）で打ち粉し、
麺棒で25×30cmに薄くのばす。

7. 冷水でしめる。

6のうどんをざるにあげ、
冷水でしっかり洗ってしめる。
このときうどんになるべく
触らないようにする。

［ 保存の方法 ］

沢山作った場合は、ゆでてから
小分けしてラップに包み冷凍する。
食べるときは熱湯でさっとゆでる。

シーフードキッシュ

米粉で作ったタルト生地はさくほろの食感に仕上がります。
卵液には米粉でとろみをつけました。
シーフードミックスにカニカマも加えた海の幸を贅沢に盛り込んだ米粉キッシュです。
おもてなしや持ち寄りにもぜひどうぞ!

■ **材料**（直径18cmのもの1台分）

[タルト生地]
```
  ┌ 卵 ...... 1個
A │ 米油 ...... 30g
  └ きび砂糖 ...... 20g
  ┌ 米粉 (波里) ...... 90g
B │ 片栗粉 ...... 10g
  └ アーモンドパウダー ...... 10g
```

[フィリング]
シーフードミックス
　　　...... 100g（解凍し、水けをきる）
玉ねぎ ...... 1/4個（薄く切る）
カニカマ ...... 50g（ほぐす）

[卵液]
```
  ┌ 生クリーム (乳脂肪分35%) ...... 100g
  │ 卵 ...... 2個
  │ 米粉 (波里) ...... 大さじ1
C │ 粉チーズ ...... 大さじ1
  │ カレー粉 ...... 小さじ1
  │ 塩 ...... 小さじ1/3
  └ こしょう ...... 少々
```

シーフード キッシュ の作り方

■ **下準備**

・オーブンを180℃ に予熱する。

1. タルト生地を 作る。

ボウルに**A**を入れて泡立て器 で混ぜ、**B**を加えてゴムべら で混ぜてひとかたまりにした ら手でまとめる。

2. タルト台に 生地を敷く。

タルト台に**1**の生地を手での ばしながら敷き詰める。縁に も指先で生地を沿わせる。

3. 生地に穴を あける。

2の生地にフォークで穴をあ ける。

4. フィリングを 入れる。

シーフードミックスと玉ねぎ、 カニカマをタルト台に敷き詰 める。

5. 卵液を 入れて焼く。

ボウルに**C**を入れて泡立て器 で混ぜ、**4**に流し入れる。180 ℃のオーブンで30分焼く。

レンチン
米粉ホワイトソース

卵なし

レンチンで簡単に作れる！ 米粉ベースのホワイトソースです。
シチューやグラタンに使えます。

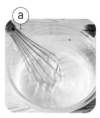

■ 材料（作りやすい分量）

米粉（波里）…… 20g
コンソメスープの素（粉末）
　　…… 小さじ1
塩…… 小さじ1/3
牛乳…… 200g
バター …… 20g

■ 作り方

1 耐熱性のボウルに米粉、コンソメ、塩を入れて泡立て器で混ぜる。

2 1に牛乳を少しずつ加えながらダマにならないように泡立て器でよく混ぜる@。

3 電子レンジで2分加熱する（ラップはしない）。泡立て器でよく混ぜる。

4 さらに1分半加熱したら、泡立て器でよく混ぜ、バターを加えてさらによく混ぜる⒝。

5 表面に膜が張らないようにラップをピッタリソースに貼り付けて冷ます©。

米粉ホワイトソースで作る
クリームシチュー

卵なし

米粉でとろみをつけたホワイトソースで作るグルテンフリーのクリームシチュー。
小麦粉のホワイトシチューに比べて、さらっとしています。
体に優しい食べ心地です。

■ 材料（2人分）

米粉ホワイトソース（上記参照）…… 全量
鶏もも肉…… 200g（ひと口大に切る）
玉ねぎ …… 1/2個（薄切り）
にんじん …… 1/2本（乱切り）
じゃがいも …… 2個（ひと口大に切る）
米油…… 大さじ1
水…… 200g
塩…… 小さじ1/2

■ 作り方

1 鍋を中火で熱して油をひき、鶏もも肉と玉ねぎを入れて肉の色が変わるまで炒める。

2 にんじんとじゃがいもを加えてさっと炒める。

3 米粉ホワイトソースと水、塩を加えてひと混ぜし、弱火にしてふたをし、20分煮込む。

じゃがいもツナグラタン

卵なし

レンチン米粉ホワイトソース（P78）を使ったグラタンです。じゃが芋とツナは王道の組み合わせ。
グラタンの下ごしらえもレンチンでする手軽な1品です。

■ **材料** （2人分・800mℓの耐熱容器1個分）

じゃがいも …… 1個 (薄切り)
玉ねぎ …… 1/2個 (みじん切り)
ツナ缶 …… 1缶
米粉ホワイトソース (P78参照) …… 全量
ピザ用チーズ …… 40g
パセリ …… 適量

■ **作り方**

1 耐熱容器にじゃがいもを敷き詰め、玉ねぎをのせてふんわりラップをして電子レンジで6分加熱する。

2 1の上にツナとホワイトソースのせ、チーズも全体に散らし、オーブントースターで5分加熱する。

3 2にパセリを散らす。

明太チーズコロッケ

卵なし

潰したじゃがいもに米粉を混ぜてもっちり感をアップさせた米粉コロッケ。
さらにパン粉も米粉パンをおろしたものを使っています。

■ 材料（6個分）

じゃがいも ······ 3個 (300g)
A ┌ 米粉 (波里) ······ 大さじ1
　└ 塩 ······ 小さじ1/4
明太子 ······ 50g (ほぐす)
ピザ用チーズ ······ 40g
B ┌ 米粉 (波里) ······ 大さじ1
　└ 水 ······ 大さじ2
米粉パン粉* ······ 適量
*市販の米粉パン粉でもOK。

揚げ油 ······ 適量
クレソン ······ 適量

■ 作り方

1. じゃがいもは皮をむいてひと口大に切る。耐熱性のボウルに入れ、ラップをして電子レンジで7分加熱して潰す。Aを加えてゴムべらで混ぜ合わせる。

2. 1を6等分に分けて広げたら、明太子とピザ用チーズをのせて丸形に包む。

3. ボウルにBを入れて混ぜ、2にくぐらせ、米粉のパン粉をつける。

4. 揚げ油を熱して3をきつね色に揚げる。器に盛り、クレソンを添える。

米粉パン粉

米粉パンを作った時に乾燥させてすりおろして冷凍しておくと便利です。

お魚ナゲット

乳なし

白身魚と豆腐をベースにした、もっちり食感のナゲットは食材はヘルシーで、
味はスナック風味。ついつい手がのびてしまうくせになるおいしさです。

■ **材料** (12個分)

白身魚 (たらやたいなど) ······ 200g

木綿豆腐······ 200g

┌ **米粉** (波里) ······ 大さじ4

│ マヨネーズ ······ 大さじ1

└ しょうゆ ······ 小さじ1

A 青のり ······ 小さじ1

┌ にんにく

│ ······ 小さじ1/2 (すりおろし)

└ 塩 ······ 小さじ1/4

米油 ······ 適量

レモン ······ 適量 (くし形切り)

■ **作り方**

1 白身魚はフライパンやグリルで焼いて骨を取り、身をほぐす。

2 ボウルに豆腐を入れて泡立て器でくずし、滑らかにする。

3 2のボウルに1とAを加えてゴムべらでよく混ぜる。

4 3を大さじ1強取って、手で小判形にする。12個成形する。

⚠ 手にくっつく時は手を水でぬらすとよい。

5 フライパンに底から1cmほど油を入れて熱し、4を両面こんがり揚げ焼きにする ⓐ。器に盛り、レモンを添える。

⚠ 成形が難しい場合はスプーンで落としてもよい。

ⓐ

揚げない揚げ出し豆腐

卵・乳なし

電子レンジで水分を飛ばし、米粉をまぶしたら、少量の油で焼きつける。
それだけで、人気のおつまみメニュー、揚げ出し豆腐ができます。
米粉でつけたとろみのおかげで味がからんで絶品です。

■ 材料（2人分）

木綿豆腐 ┄┄ 300g
米粉（波里） ┄┄ 大さじ2
A ┌ みりん ┄┄ 大さじ2
  │ しょうゆ ┄┄ 大さじ1
  │ 砂糖 ┄┄ 小さじ1
  └ **米粉**（波里） ┄┄ 小さじ1
米油 ┄┄ 大さじ2
小ねぎ ┄┄ 少々 （小口切り）

■ 作り方

1 木綿豆腐はひと口大に切り、ペーパータオルに包む。耐熱皿にのせて電子レンジで2分加熱する。

2 1の全面に米粉をまぶす。熱したフライパンに油をひき、中火で全面カリッとするまで焼く。

3 Aを混ぜ、2のフライパンに加えてとろっとしたら火を止める。器に盛り、小ねぎを散らす。

さばの竜田揚げ

（卵・乳なし）

米粉をまぶして、少なめの油でカラッと揚げ焼きした竜田揚げ。
片栗粉の食感と負けず劣らずのサクサク感です。グルテンフリーの揚げ物が食べられるのも嬉しい。

■ 材料（2人分）

さばの切り身 ⸺⸺ 300g
┌ 麺つゆ（2倍濃縮）⸺⸺ 大さじ3
A にんにく ⸺⸺ 小さじ1/2（すりおろし）
└ しょうが ⸺⸺ 小さじ1/2（すりおろし）
米粉（波里）⸺⸺ 大さじ3
米油 ⸺⸺ 適量
大葉 ⸺⸺ 適量
すだち ⸺⸺ 適量（くし形切り）

■ 作り方

1 さばは骨を取り、ひと口大に切る。混ぜ合わせた**A**に冷蔵庫で20分漬ける。

2 **1**の水けをきり、米粉をまぶす。

3 熱したフライパンに1cmほどの高さまで油を入れ、**2**を全体にこんがりするまで揚げ焼きにする。

4 器に大葉を敷き、**3**を盛り、すだちを添える。

れんこんのはさみ揚げ

卵・乳なし

肉だねに米粉を入れてつなぎにし、揚げ衣としても米粉を使った揚げ焼きのおかず。
甘辛いたれが米粉にしっかりからんで、ごはんのお供にぴったりです。

■ **材料**（2人分）

れんこん …… 300g

┌ 鶏挽き肉 …… 150g
│ 玉ねぎ …… 1/4個（みじん切り）
A 米粉（波里）…… 大さじ2
│ しょうが …… 1かけ（すりおろし）
└ 塩・こしょう …… 各少々

米粉（波里）…… 大さじ2

米油 …… 大さじ1

┌ しょうゆ …… 大さじ2
B 酒 …… 大さじ1
└ みりん …… 大さじ1

■ **作り方**

1 れんこんは皮をむき8mmの厚さの輪切りにし、水にさらす。

2 ボウルに**A**を入れて、粘りけが出るまでよく混ぜる。

3 **1**のれんこんの水けをふき、米粉をまぶす。**2**をはさんで側面にも米粉をまぶす。

4 熱したフライパンに油をひいて、**3**を並べ入れて中火で3分焼く。裏面に焼き色がついたらひっくり返してふたをする。弱火にし、肉に火が通るまで焼く。仕上げに**B**を入れてからめる。

大根もち

卵・乳なし

白玉粉や片栗粉で作ることが多い人気の大根もち。
本書では、米粉で作り、より、もっちり仕上げます。
干しえびの強い旨みが味のポイントです。
風味づけのためにもぜひ、ごま油で焼いてください。

■ 材料 (2人分)

A
- 大根おろし …… 300g (水けをきる)
- **米粉** (波里) …… 大さじ5
- 干しえび …… 大さじ2
- 鶏ガラスープの素 …… 小さじ1

ごま油 …… 大さじ1
ポン酢しょうゆ・ラー油 …… 各適量

■ 作り方

1 ボウルに**A**を入れてよく混ぜる。6等分にし、丸く成形する。

2 熱したフライパンにごま油をひき、**1**を並べて入れて中火で両面焼く。器に盛り、ポン酢しょうゆとラー油で食べる。

鶏むねチーズガレット

鶏むね肉を細かく叩いて、丸く焼きつけたガレット。
米粉をつなぎにし、チーズやマヨネーズで味にパンチを加えました。
簡単なのに、食卓に映える！　ごちそう惣菜です。

■ 材料 (2人分)

鶏むね肉 …… 1枚 (粗みじん切り)

大葉 …… 5枚 (せん切り)

A ┌ ピザ用チーズ …… 60g
　│ 米粉 (波里) …… 大さじ4
　│ マヨネーズ …… 大さじ3
　└ コンソメスープの素 (粉末) …… 小さじ2

オリーブオイル …… 大さじ1

粗挽き黒こしょう …… 少々

■ 作り方

1 ボウルに鶏肉、大葉とAを入れてよく混ぜる。

2 熱したフライパンにオリーブオイルをひき、1を入れてへらで広げて押しつけ、中火で3分こんがり焼く。裏返してふたをして5分焼く。器に盛り、こしょうをふる。

⚠ うまく裏返せなくても焼けていたらOK。

ハンバーグ

乳なし

米粉をつなぎに入れることで、ふんわりしっとりした絶品ハンバーグに。
ハンバーグのソースはウスターソースとケチャップを混ぜた王道の味。
付け合わせはご自由に。我が家のハンバーグ定食に目玉焼きは欠かせません。

■ 材料 (3個)

```
┌ 合い挽き肉 …… 300g
│ 玉ねぎ …… 1/2個 (みじん切り)
A 卵 …… 1個
│ 米粉 (波里) …… 大さじ3
└ 塩・こしょう …… 各少々
┌ ウスターソース …… 大さじ2
│ トマトケチャップ …… 大さじ2
B 水 …… 大さじ2
└ しょうゆ …… 小さじ2
```
目玉焼き …… 3個
ブロッコリー …… 適量 (蒸す)
トマト …… 適量 (くし形切り)

■ 作り方

1 ボウルに**A**を入れて粘りけが出るまでよくこねる。3等分して小判形に成形して空気を抜く。

2 熱したフライパンに油 (分量外) をひき、**1**を中火で3分ずつ両面焼く。水を50ml入れてふたをし、中に火が通るまで6〜7分蒸し焼きにする。

3 **2**のフライパンの余分な油をペーパータオルで拭き取り、**B**を入れてひと煮立ちしたらハンバーグにからめる。器に盛り、目玉焼き、蒸しブロッコリー、トマトを添える。

米粉でとろ〜り
中華卵スープ

乳なし

米粉でとろみをつけた中華スープは、
疲れた体に優しく、よく染み渡ります。
体を温める長ねぎに食物繊維豊富なきのこ、たんぱく質の卵も入り、
簡単ですが、ひと皿で栄養バランスのよいメニューです。

■ 材料（2人分）

A ┌ 水 ……… 400g
  │ 長ねぎ ……… 50g（薄切り）
  │ えのきたけ ……… 50g（石づきを取り半分に切る）
  │ 鶏ガラスープの素 ……… 小さじ1
  └ 塩 ……… 小さじ1/2

B ┌ 水 ……… 小さじ2
  └ **米粉**（波里） ……… 小さじ1

溶き卵 ……… 1個分

ⓐ

■ 作り方

1 鍋にAを入れ中火で5分煮る。Bを
  混ぜ合わせて加えるⓐ。

2 1が沸騰したら卵をゆっくり回し
  入れる。

レンチンレタスの肉巻き

卵・乳なし

生で食べられるレタスを肉でささっと
巻いてレンジでチン！
あとは混ぜるだけのタレをかけて完成。

■ **材料**（2人分）

豚ロース薄切り肉 ……… 8枚
レタス ……… 250g（太めのせん切り）
米粉（波里） ……… 大さじ2
酒 ……… 大さじ1

A ┌ ポン酢しょうゆ ……… 大さじ2
　　│ しょうゆ ……… 小さじ1
　　│ ごま油 ……… 小さじ1
　　│ 白炒りごま ……… 小さじ1
　　└ しょうが ……… 小さじ1（すりおろし）

■ **作り方**

1　豚肉を広げてレタスを等分にのせ、しっかり巻きつけて全体に米粉をまぶす。

2　耐熱容器に 1 を入れて酒を回しかけ、ふんわりラップをかけて電子レンジで4分加熱する。裏返してさらに3分加熱する。

3　2 を器に盛り、A を混ぜ合わせて回しかける。

大根のそぼろ煮

卵・乳なし

電子レンジで大根を加熱するので、
煮込む時間は6〜7分だけ。
それでもしっかりと味が染み込みます。

■ **材料**（2人分）

大根 ……… 1/4本（250g）
豚挽き肉 ……… 150g
米油 ……… 小さじ1

A ┌ 水 ……… 100g
　　│ **米粉（波里）** ……… 大さじ1
　　│ 酒 ……… 大さじ1と1/2
　　│ しょうゆ ……… 大さじ1と1/2
　　│ みりん ……… 大さじ1と1/2
　　│ 砂糖 ……… 大さじ1/2
　　└ しょうが ……… 小さじ2（すりおろし）
小ねぎ ……… 適量（小口切り）

■ **作り方**

1　大根は1cm厚さのいちょう切りにして耐熱容器に入れ、ふんわりラップをして電子レンジで5分加熱する。

2　熱したフライパンに油をひいて、中火で挽き肉を炒め、肉の色が変わったら混ぜ合わせた A と 1 の大根を入れて6〜7分煮込む。器に盛り、小ねぎを散らす。

厚揚げとひき肉のとろ卵炒め

乳なし

鶏挽き肉に厚揚げ、卵とトリプルたんぱく質でお腹にしっかりたまるおかずです。
ダイエット中の方や、健康な体作りをしている。
そんな方にも、ぜひともおすすめしたい1品。

■ 材料 (2人分)

鶏挽き肉 ……… 150g
厚揚げ ……… 1枚 (300g・ひと口大に切る)
にら ……… 50g (5cmに切る)
溶き卵 ……… 3個分
米油 ……… 大さじ1

A
┌ 水 ……… 100g
│ しょうゆ ……… 大さじ2
│ みりん ……… 大さじ1
│ **米粉** (波里) ……… 小さじ2
│ 砂糖 ……… 小さじ1
└ オイスターソース ……… 小さじ1

■ 作り方

1 熱したフライパンに油を半量ひき、卵を入れて中火でさっと炒め、取り出す。

2 残りの油をひき、挽き肉を加えて炒め、色が変わったら厚揚げを加えてさらに炒める。

3 **A**を混ぜ合わせて**2**に回し入れ、弱火にし、ひと煮立ちしたらにらを加えてしんなりしたら、**1**の卵を戻し、さっとからめる。

米粉カレーライス

卵・乳なし

小麦粉ではなく、米粉でとろみをつけているさらっとした食べやすいカレーです。
市販のカレールーに比べて、油は大幅にカット、砂糖も使っていないので
ダイエット中の方にもぜひおすすめしたいレシピ。

■ 材料 (2人分)

ごはん ------ 2人分
牛薄切り肉 ------ 200g
にんじん ------ 1/2本 (乱切り)
玉ねぎ ------ 1/2個 (薄切り)
じゃがいも ------ 2個 (ひと口大に切る)
米粉 (波里) ------ 大さじ3
水 ------ 600g
┌ トマトケチャップ ------ 大さじ2
│ カレー粉 ------ 大さじ1
A ウスターソース ------ 大さじ1
│ 塩 ------ 小さじ1
└ こしょう ------ 少々
米油 ------ 小さじ1

■ 作り方

1 熱した鍋に油をひき、牛肉を中火で炒め、色が変わったらにんじんと玉ねぎを加える。全体に油が回ったら米粉を加え、粉っぽさがなくなるまで炒めたら水を加える。

2 **1**がひと煮立ちしたらアクを取り、中火で5分煮込む。じゃがいもを加えさらに5分煮込む。

3 **2**に**A**を加えて中火で10分程度煮込む。器にごはんをよそい、カレーをかける。

ビーフストロガノフ

卵なし

バターでコクを出して米粉で少々のとろみづけをした、クリーミーでリッチなひと皿。
カレーやシチューもいいけれど、もうひと味違うものが食べたい。
そんなときにいかがでしょう。

■ 材料 (2人分)

ごはん ……… 2人分
牛薄切り肉 ……… 200g
塩・こしょう ……… 各少々
玉ねぎ ……… 1個 (薄切り)
マッシュルーム ……… 8個 (2mm幅の薄切り)
バター ……… 20g
米粉 (波里) ……… 大さじ1
　生クリーム (乳脂肪分35％) ……… 100g
　牛乳 ……… 50g
　みりん ……… 小さじ2
A オイスターソース ……… 小さじ2
　ウスターソース ……… 小さじ2
　コンソメスープの素 (粉末) ……… 小さじ1
　にんにく ……… 小さじ1/2 (すりおろし)
パセリ ……… 適量

■ 作り方

1 牛肉に塩、こしょうをふり下味をつける。

2 熱したフライパンにバターを入れ、溶けたら玉ねぎを入れて、中火でしんなりするまで炒める。マッシュルームを加えてさっと炒める。

3 **2**に牛肉を加えて色が変わるまで炒め、さらに米粉を加えて炒める。粉っぽさがなくなったら**A**を加える。とろみがついたら完成。器にごはんをよそい、ビーフストロガノフをかけ、パセリを散らす。

かに玉あんかけ

乳なし

カニカマファンに捧げる、カニカマをたっぷり使った、お手軽でお気軽に作れるかに玉です。
あんかけのとろみづけはもちろん米粉。
米粉のあんはダマができにくいのも特徴です!

■ 材料（2人分）

卵 …… 4個

カニカマ …… 40g（ほぐす）

にら …… 30g（5cmに切る）

塩・こしょう …… 各少々

ごま油 …… 大さじ1

A
- 水 …… 100g
- オイスターソース …… 小さじ2
- **米粉**（波里）…… 小さじ2
- 鶏ガラスープの素 …… 小さじ1

■ 作り方

1 ボウルに卵と塩・こしょうを入れて混ぜる。カニカマを加えてさらに混ぜる。

2 熱したフライパンにごま油をひき、にらを入れて中火でさっと炒める。

3 **2**に**1**を流し入れたら菜箸で混ぜながら、半熟くらいのトロッとした状態で、すかさずお皿にずらしながら移す。

4 **3**のフライパンをペーパータオルでさっとふき、Aを混ぜ合わせて入れてひと混ぜし、煮立たせてとろみをつける。**3**にあんをかける。

麻婆なす
マーボー

王道の中華料理も、市販の素を使わずともパパッと作れます。
米粉でさらっととろみをつけるので、くどさはなし。

■ 材料（2人分）

なす ------ 3個
米油 ------ 大さじ2

```
┌ 長ねぎ
│    ------ 5cm（みじん切り）
│ にんにく
A│    ------ 小さじ1/2（すりおろし）
│ しょうが
└    ------ 小さじ1/2（すりおろし）
```
豚挽き肉 ------ 100g

```
┌ 水 ------ 150g
│ 甜麺醤 ------ 大さじ1と1/2
│ 酒 ------ 大さじ1
B│ みりん ------ 大さじ1
│ 米粉（波里）------ 大さじ1
│ 豆板醤 ------ 大さじ1/2
│ 鶏ガラスープの素
└    ------ 小さじ2
```
小ねぎ ------ 適量（小口切り）

■ 作り方

1　なすはヘタをとり縦4等分に切り、ひと口大に切る。水にさらしアクを抜く。

2　熱したフライパンに油をひき、なすを中火でしんなりするまで焼いて取り出す。Aを入れて炒める。香りが立ってきたら挽き肉を加えて肉の色が変わるまで炒める。

3　2にBを入れて煮たったら2のなすを戻し入れる。器に盛り、小ねぎを散らす。

回鍋肉
ホイコーロー

食材に味がしっかりからまるように、米粉の入った調味液は、
一度混ぜ合わせてからフライパンに回し入れて。

■ 材料（2人分）

豚バラ薄切り肉
　　 ------ 150g（5cm幅に切る）
キャベツ
　　 ------ 1/4個（300g・ざく切り）
ピーマン ------ 4個（乱切り）

```
┌ 長ねぎ ------ 5cm（みじん切り）
│ しょうが
│    ------ 小さじ1（すりおろし）
A│ にんにく
│    ------ 小さじ1（すりおろし）
└ 豆板醤 ------ 小さじ1
```
ごま油 ------ 小さじ1

```
┌ 甜麺醤 ------ 大さじ1
│ しょうゆ ------ 大さじ1
B│ 酒 ------ 大さじ1
│ 水 ------ 大さじ1
└ 米粉（波里）------ 小さじ1
```

■ 作り方

1　フライパンでごま油を熱しAを加えて中火で炒める。香りが立ってきたら豚肉を炒め、豚肉に焼き色が付いたらキャベツとピーマンを加えてさらに強火で炒める。

2　1の野菜がしんなりしたら混ぜ合わせたBを加えて一気に炒め、全体になじませる。

五宝菜
ゴホウサイ

乳なし

肉は炒める前に、下味をしっかりもみこんでから
炒めること。調味液を回し入れて炒めるのとでは、
おいしさがまったく違います！

■ 材料（2人分）

豚こま切れ肉 ┈┈┈ 250g

A
- 酒 ┈┈┈ 小さじ1
- しょうが ┈┈┈ 小さじ1/2（すりおろし）
- 塩 ┈┈┈ 小さじ1/4

B
- にんじん ┈┈┈ 1/4本（薄い半月切り）
- 白菜 ┈┈┈ 300g（食べやすい大きさに切る）
- しめじ ┈┈┈ 50g（ほぐす）

うずらの卵（水煮）┈┈┈ 6個

C
- 酒 ┈┈┈ 大さじ1
- **米粉（波里）** ┈┈┈ 小さじ2
- 砂糖 ┈┈┈ 小さじ1
- 中華だし ┈┈┈ 小さじ1/2
- 塩 ┈┈┈ 小さじ1/2
- 水 ┈┈┈ 50mℓ

ごま油 ┈┈┈ 大さじ1

■ 作り方

1 豚肉は**A**をもみ込み下味をつける。**C**は混ぜ合わせる。

2 熱したフライパンにごま油をひき、豚肉を中火で色が変わるまで炒めたら強火にし、**B**を加えて炒める。

3 **2**にうずらの卵を加え、**1**と混ぜ合わせた**C**を加えてさっと炒める。

青椒肉絲
チンジャオロースー

卵・乳なし

豚肉に下味をつけてから、米粉を加えて
よく混ぜること。味が野暮ったくなるので、
米粉は入れすぎないで。

■ 材料（2人分）

豚肩ロース薄切り肉 ┈┈┈ 150g（細切り）

A
- 酒 ┈┈┈ 小さじ1
- 塩・砂糖 ┈┈┈ 各少々

米粉（波里） ┈┈┈ 小さじ2

B
- ピーマン ┈┈┈ 4個（細切り）
- たけのこ（水煮）┈┈┈ 50g（細切り）
- しょうが ┈┈┈ 1かけ（せん切り）

C
- オイスターソース ┈┈┈ 大さじ1
- しょうゆ ┈┈┈ 小さじ1
- しょうが ┈┈┈ 小さじ1/2（すりおろし）

ごま油 ┈┈┈ 大さじ1

■ 作り方

1 豚肉は**A**をもみ込み下味をつけ、米粉を加えて混ぜる。

2 熱したフライパンに半量のごま油をひき、中火で熱し、**1**の豚肉を炒める。肉の色が変わったら残りのごま油と**B**を加えて炒める。

3 **2**に火が通ったら**C**を加えて全体にからめるようにしてしんなりするまで炒める。

ガーリックシュリンプ

ちょっとしたことですが、えびに丁寧に米粉をまぶしてから炒めることで、
バターの豊かな風味と塩、こしょうがえびにしっかりからみ、
料理の味に深みと奥行きが生まれます。

■ **材料**（2人分）

えび（ブラックタイガー）⋯⋯ 10尾
米粉（波里）⋯⋯ 大さじ2
オリーブオイル ⋯⋯ 大さじ1
にんにく ⋯⋯ 2かけ（みじん切り）
バター ⋯⋯ 20g
塩・こしょう ⋯⋯ 各少々
レモン ⋯⋯ 適量（くし切り）

■ **作り方**

1　えびは殻をむき米粉をまぶす@。

2　フライパンにオリーブオイルと
にんにくを入れて中火にかけ、
香りが立ってきたらえびを加え、
両面がしっかり焼けたらバター、
塩、こしょうを加えてからめる。
器に盛り、レモンを添える。

ヤンニョムチキン

（卵・乳なし）

韓流ドラマにちょくちょく登場するだけあり、
韓国料理の中でも特に人気の高いメニューです。
やっぱりビールと一緒に！ いただくのがおすすめでしょうか。

■ 材料（2人分）

鶏もも肉 —— 500g（ひと口大に切る）

A
  ┌ 酒 —— 大さじ1
  ├ しょうが —— 少々（すりおろし）
  └ 塩・こしょう —— 各少々

米粉（波里） —— 大さじ3

B
  ┌ コチュジャン —— 大さじ2
  ├ 砂糖・しょうゆ・酒 —— 各大さじ1
  ├ にんにく —— 小さじ2（すりおろし）
  └ 酢 —— 小さじ2

白炒りごま —— 大さじ1
植物油 —— 適量

■ 作り方

1 鶏肉にAをもみ込み米粉をまぶす。

2 フライパンに1cm程度の高さまで油を入れて中火にかけ、1をこんがりと揚げ焼きにして取り出す。

3 2のフライパンの余分な油をペーパータオルでふき取り、弱火にしてBを入れ、ひと煮立ちさせる。

4 3に2を戻し入れて全体にからめる。器に盛り、白炒りごまをふる。

ぶりの照り焼き

卵・乳なし

ほんの少し、米粉をまぶすだけで、
味のからみもよく、
口当たりも優しくなります。

■ 材料 (2人分)

ぶりの切り身 ······ 2切れ
塩・こしょう ······ 各少々
米粉 (波里) ······ 小さじ2
A ┌ 砂糖・しょうゆ・酒・みりん
  └ ······ 各大さじ1
ねぎ ······ 12cm (3cm長さに切る)
米油 ······ 大さじ1

■ 作り方

1 ぶりに塩、こしょうをふって少しおき、ペーパータオルで水けをふき取り米粉をまぶす。

2 熱したフライパンに油をひき、ねぎを中火でじっくり焼いて取り出す。

3 **2**のフライパンに**1**を入れて中火で両面をこんがり焼く。**A**を入れて全体にからめる。器にぶりを盛り、ねぎを添え、たれをかける。

しょうが焼き

卵・乳なし

豚肉に米粉をまぶすことで
味のからみもよく、やさしい口当たりに。

■ 材料 (2人分)

豚ロース薄切り肉 ······ 250g
酒 ······ 小さじ1
米粉 (波里) ······ 大さじ2
玉ねぎ ······ 1/2個 (薄切り)
キャベツ ······ 1/4個 (せん切り)
A ┌ しょうゆ ······ 大さじ2
  │ みりん ······ 大さじ1
  │ 酒 ······ 大さじ1
  │ 砂糖 ······ 大さじ1/2
  └ しょうが ······ 小さじ1/2 (すりおろし)
米油 ······ 大さじ1

■ 作り方

1 豚肉は酒をふり、米粉をまぶす。

2 熱したフライパンに油をひいて熱し、**1**の肉と玉ねぎを中火で焼く。肉の色が変わったら**A**を加えてからめる。器にキャベツと共に盛る。

PART 3
米粉でつくる［お菓子］

さっくりしたクッキーからふわふわのショートケーキ、
さくさくタルトやパウンドケーキ、マーラーカオなど、あらゆるお菓子が作れます。
泡立てのコツや面倒な温度管理などいらない
簡単な作り方ばかりで失敗しないのもポイントです。
日々のおやつとしてはもちろん、おもてなしや持ち寄りの
お菓子としても活用してくださいね。

ピーナッツバター
クッキー

オーブン 卵・乳なし

薄くさっくりした香ばしい米粉のクッキーです。
ピーナッツバターのコクと米粉の風味がよく合います。
卵と牛乳なしで作れるので体にもお財布にも優しいおやつです。

■ **材料** (12枚分)

┌ ピーナッツバター (無糖) ……130g
A きび砂糖……35g
└ 塩……小さじ1/2
豆乳 (無調整)……40g
米粉 (共立食品)……60g
ベーキングパウダー……2g (小さじ1/2)

■ **下準備**

・オーブンを170℃に予熱する。

■ **作り方**

1 ボウルに**A**を入れてゴムべらでよく混ぜる。
豆乳を加えてさらに混ぜる。

2 **1**に米粉とベーキングパウダーを入れてゴ
ムべらで混ぜ、手でひとかたまりにする。

3 **2**を12等分にしてオーブンシートを敷いた
天板にのせて手で直径8cmに押し広げⓐ、
170℃のオーブンで20分焼く。

ザクザクチョコナッツクッキー

オーブン

ナッツはアーモンドやくるみ、カシューナッツなど
色々な種類を入れることで味も食感も楽しいものに。
もちろん好みのナッツ1種で作ってもおいしいです。

■ 材料 (5枚分)

米粉 (共立食品) …… 100g
バター (食塩不使用) …… 50g
きび砂糖 …… 25g
卵 …… 1/2個分
板チョコ …… 25g (手で適当な大きさに割る)
ミックスナッツ …… 40g (粗く刻む)

■ 下準備

・オーブンを170℃に予熱する。
・バターは常温に戻す (指で押したら後がつくくらいが目安)。

■ 作り方

1 ボウルにバターを入れ、砂糖を加えて泡立て器でよく混ぜる。卵を加えてさらに混ぜる。

2 **1**に米粉を加えてゴムべらで混ぜ、チョコとナッツを加えてさらに混ぜたら手でひとかたまりにする。

3 **2**を5等分にしてオーブンシートを敷いた天板にのせて手で直径10cmに押し広げ、170℃のオーブンで30分焼く。

オートミールごまクッキー

オーブン　**卵・乳なし**

カルシウム、鉄分、亜鉛などミネラル豊富なごまと
食物繊維の豊富なオートミールをたっぷり混ぜた、栄養価の高いクッキーです。
ひと口ごとに、香ばしさが口いっぱいに広がります。

■ 材料 (30枚分)

　　米粉 (共立食品) …… 60g
　　オートミール …… 65g
A きび砂糖 …… 30g
　　黒炒りごま …… 20g
　　塩 …… 小さじ1/4
米油 …… 40g
豆乳 (無調整) …… 20g

■ 下準備

・オーブンを170℃に予熱する。

■ 作り方

1 ボウルに**A**を入れて泡立て器でよく混ぜる。

2 **1**に油と豆乳を加えてゴムべらで混ぜたら、手でひとかたまりにする。

3 **2**から小さじ1ずつの生地を取り、形を直径3cmの丸形に整え、オーブンシートを敷いた天板にのせ、170℃のオーブンで30分焼く。

レンチン シナモンりんごのケーキ

レンチン

材料を1つのボウルで混ぜたら、電子レンジでチンするだけ。
ポイントは、ベーキングパウダーを入れたら手早く混ぜること。
ゆっくり混ぜてしまうと膨らみが悪くなります。りんごは皮をむいてもむかなくてもお好みで。

■ **材料**（800mℓの耐熱容器1個分）

りんご …… 1/4個 (薄いいちょう切りに)

A
卵 …… 1個
牛乳 …… 50g
米油 …… 30g
きび砂糖 …… 30g

B
米粉 (共立食品) …… 100g
シナモンパウダー …… 5g
ベーキングパウダー …… 5g

■ **作り方**

1 耐熱容器の内側に油 (分量外) を薄くぬる。

2 ボウルに**A**を入れて泡立て器でよく混ぜる。**B**を加えて手早く混ぜる@。

3 **2**にりんごを加えてゴムべらで手早く混ぜ、耐熱容器に流し入れたら、揺すって平らにならす。

4 **3**を電子レンジで4分加熱し (ラップはしない)、容器から取り出す。

レンチン ケーク・サレ

レンチン

チーズやソーセージを混ぜ込んだお惣菜ケーキを米粉でも作れます。
ランチやおつまみにもピッタリです。
失敗しないコツはベーキングパウダーを入れたら手早く混ぜること！

■ 材料（800㎖の耐熱容器1個分）

A
- 卵 …… 1個
- 牛乳 …… 30g
- オリーブオイル …… 大さじ1
- 粉チーズ …… 大さじ1
- 塩 …… 小さじ1/2
- きび砂糖 …… 10g

B
- **米粉**（共立食品）…… 100g
- ベーキングパウダー …… 5g

C
- 赤パプリカ …… 30g（1cm角に切る）
- 玉ねぎ …… 1/4個（1cm角に切る）
- ソーセージ …… 4本（1cm角に切る）
- ピザ用チーズ …… 50g

■ 作り方

1 耐熱容器の内側に油（分量外）を薄くぬる。ボウルにAを入れて泡立て器でよく混ぜる。Bを加えてゴムべらで手早く混ぜる。

2 1にCを加えてゴムべらで手早く混ぜ、耐熱容器に入れ流し入れたら平らにならす。

3 2を電子レンジで5分加熱し（ラップはしない）、容器から取り出す。

レンチン スポンジケーキ
いちごデコレーション

レンチン

カスタードクリームもふわふわのスポンジケーキも米粉で作る
グルテンフリーのデコレーションケーキです。
さらに！ スポンジケーキとカスタードクリーム
どちらも電子レンジでできる、とても簡単なレシピです。

■ **材料**（800mℓの耐熱容器1個分）

A ┌ 卵 …… 1個
　└ きび砂糖 …… 30g
牛乳 …… 50g
バター（食塩不使用）…… 30g
米粉（共立食品）…… 100g
ベーキングパウダー …… 5g
B ┌ 生クリーム（乳脂肪分35%）…… 200g
　└ きび砂糖 …… 大さじ1と1/2
いちご …… 約20個（好みの分量で）
米粉カスタードクリーム（下記参照）…… 全量
粉糖（溶けないタイプ）…… 適量

■ **下準備**

・バターは電子レンジで20秒加熱して溶かす
（ラップはしない）。

⚠ 溶けきらない場合は様子を見ながら10秒ずつ追加して
調整する。

・耐熱容器の内側に油（分量外）を薄くぬる。

■ **作り方**

1 ボウルに**A**を入れて泡立て器で混ぜ、牛乳と
バターを加えてさらに混ぜる。

2 **1**に米粉を加えて泡立て器で混ぜ、ベーキン
グパウダーを加えて手早く混ぜる。耐熱容器
に流し入れ、電子レンジで3分加熱する（ラップ
はしない）ⓐ。容器から取り出す。

3 別のボウルに**B**を入れてハンドミキサーで七
分立てにする。いちごは半分に切る。

4 粗熱をとった**2**のスポンジケーキの厚さを半
分に切り、1枚に米粉カスタードクリームを半
量ぬりⓑ、**3**のいちご半量を全体にのせてス
ポンジケーキをもう1枚重ねるⓒ。

5 **4**の上に**3**のホイップクリームをぬるⓓ。残
りのいちごを飾り、仕上げに粉糖をふるⓔ。

レンチン 米粉の
カスタードクリーム

■ **材料**（作りやすい分量）

A ┌ きび砂糖 …… 30g
　└ **米粉**（共立食品）…… 15g（大さじ1）
牛乳 …… 150g
卵 …… 1個
バニラオイル＊ …… 数滴

＊バニラエッセンスでもよい。
なくてもOK。

■ **作り方**

1 耐熱性のボウルに**A**を入れて
泡立て器で混ぜる。

2 **1**に牛乳を加えて泡立て器で
混ぜ、卵とバニラオイルも加
えてさらに混ぜる。

3 **2**にラップをする。電子レンジ
で2分加熱してさらに泡立て
器で混ぜる。ラップをしてさ
らに1分加熱してしっかり混
ぜる。固まらなければ追加で
30秒加熱する。クリームの表
面にラップをピッタリ貼り付
けて冷ます。

バナナチョコチップの
バットケーキ

オーブン

ホーローバットを型にして作る簡単なケーキです。アーモンドプードルをベースにしたリッチな米粉生地にバナナをたっぷり混ぜ込みました。

■ 材料
（縦18.3×横12.5×高さ6.2cmの
ホーローバット1個分）

A ┌ 熟したバナナ
  │   …… 100g（フォークで潰す）
  │ メープルシロップ …… 30g
  │ 米油 …… 20g
  └ 豆乳（無調整） …… 100g

B ┌ 米粉（共立食品） …… 130g
  │ アーモンドパウダー …… 30g
  │ ベーキングパウダー …… 10g
  └ 塩 …… 少々

チョコチップ …… 50g
バナナ …… 1本（飾り用に輪切りにする）

■ 下準備
・オーブンを170℃に予熱する。

■ 作り方

1 ボウルにAを入れて泡立て器でよく混ぜる。

2 1にBを加えてゴムべらで手早く混ぜ、チョコチップを加えて混ぜる。

3 油（分量外）を薄くぬったバットに2を流し入れ、バナナを10等分の輪切りにしてのせ⒜、170℃のオーブンで40分焼く。

4 焼き上がったら型からはずす。

レモンのバットケーキ

オーブン 乳なし

レモン果汁をたっぷり染み込ませた米粉のアーモンドケーキをホーローバットで簡単に作ります。アイシングをかけることで見た目も味も華やかになります。

■ 材料
（縦18.3×横12.5×高さ6.2cmの
ホーローバット1個分）

A
- きび砂糖 ----- 60g
- 卵 ----- 2個

B
- 米粉 (共立食品) ----- 130g
- アーモンドスライス ----- 30g
- アーモンドパウダー ----- 30g
- ベーキングパウダー ----- 5g

米油 ----- 50g
レモン果汁 ----- 大さじ2
レモン ----- 1個 (皮をむき、薄い輪切りに)

[アイシング]
粉糖 ----- 40g
レモン果汁 ----- 小さじ1

■ 下準備
・オーブンを170℃に予熱する。

■ 作り方

1　ボウルにAを入れ、泡立て器でよく混ぜ、油を加えてさらによく混ぜる。レモン果汁を加えてさらに混ぜる。

2　1にBを加え、ゴムべらで手早く混ぜ、油 (分量外) を薄くぬった容器に流し入れ、表面を整え、15cmの高さから落として生地の空気を抜く。レモンを上に並べて170℃のオーブンで40分焼く。

3　焼き上がったら型からはずし、粗熱が取れたらアイシングの材料を混ぜ、上からかける@。

キャロットケーキ

オーブン

伝統的な英国菓子キャロットケーキを米粉で作りました。
すりおろしたにんじんの甘みとシナモンの香りがよく合います。
生地には伝統的なレシピにならいアーモンドパウダーも混ぜ込んで、
どっしりした食感にしています。

■ **材料**（縦18×横8×高さ6㎝のパウンド型1個分）

A
- 卵……2個
- きび砂糖……60g
- 米油……40g
- にんじん……1本（150g・すりおろし）
- アーモンドパウダー……30g
- シナモンパウダー……5g

B
- **米粉（共立食品）**……130g
- ベーキングパウダー……5g

くるみ（ロースト）……50g（小さく刻む）
レーズン……30g

[トッピング]
クリームチーズ……100g
粉糖……20g
レモン果汁……5g

■ **下準備**
・オーブンを180℃に予熱する。
・型にオーブンシートを敷く。

■ **作り方**
1 ボウルに**A**を入れ泡立て器で混ぜる。
2 **1**に**B**を加えてゴムべらで手早く混ぜ、くるみとレーズンを加えてさっと混ぜる。
3 型に**2**を流し入れⓐ、15㎝の高さから落として生地の空気を抜き、180℃のオーブンで40分焼く。焼き上がったら型からはずす。
4 トッピングのクリームを作る。クリームチーズを耐熱容器に入れ、ラップをせずに電子レンジで30秒温めたら、粉糖を加えてよく混ぜ、さらにレモン果汁を加えて混ぜる。
5 粗熱がとれた**3**に**4**をのせるⓑ。

a

b

きな粉黒ごまパウンドケーキ

オーブン

米粉によく合うきな粉と黒ごまの風味が香る、
和風テイストのパウンドケーキです。
バターとアーモンドパウダーを配合し、どっしりとした食感に。

■ **材料** (縦18×横8×高さ6cmのパウンド型1個分)

```
┌ 米粉 (共立食品) …… 110g
│ アーモンドパウダー …… 20g
A  きな粉 …… 20g
│ 黒炒りごま …… 大さじ2
└ ベーキングパウダー …… 5g
┌ バター (食塩不使用) …… 80g
B
└ きび砂糖 …… 60g
卵 …… 2個
```

■ **下準備**

・オーブンを180℃に予熱する。
・型にオーブンシートを敷く。
・バターを電子レンジで20秒加熱して溶かす(ラップはしない)。
▲ 溶けきらない場合は様子を見ながら10秒ずつ追加して調整する。

■ **作り方**

1 ボウルにBを入れて泡立て器でよく混ぜる。

2 1に卵を1個ずつ割り入れ、その都度泡立て器で混ぜる。

3 2にAを入れてゴムべらで手早く混ぜる。

4 型に3を流し入れ、15cmの高さから落として生地の空気を抜き、180℃のオーブンで40分焼く。焼き上がったら型からはずす。

スイートポテト

トースター

スイートポテトに米粉を少し加えることで、
まとまりがよくもっちり仕上がります。
さつまいもの種類によって水分量が異なるので、かたさは牛乳で調整してください。

■ **材料** (5個分)

さつまいも …… 1本 (300g)
バター (食塩不使用) …… 30g
きび砂糖 …… 50g
┌ 卵黄 …… 1個分 (仕上げ用に大さじ1取り分けておく)
A 牛乳 …… 大さじ1
└ **米粉** (共立食品) …… 大さじ1
黒炒りごま …… 適量

■ **作り方**

1 さつまいもはひと口大に切り、水にさらす。耐熱性のボウルに入れてラップをし、電子レンジで6分加熱して皮をむいて潰す。

2 1が温かいうちにバターと砂糖を加えてゴムべらで混ぜ、**A**も加えて入れてよく混ぜる。

3 2を5等分にしてそれぞれラップで包み、形を整えたらラップをはずしてアルミカップにのせる。取り分けた卵黄をぬり、黒ごまを散らしてオーブントースターで5分焼く。

米粉のパンケーキ

フライパン 卵・乳なし

米粉と豆乳で作る、軽やかな食べ心地のパンケーキです。
冷蔵庫にあるものでパパッと作れる簡単なおやつ。
休日のブランチにもおすすめです。

■ 材料（直径10cmの円形6枚分）

A ┌ 豆乳（無調整）……… 140g
　├ きび砂糖 ……… 20g
　├ 米油 ……… 10g
　└ 塩 ……… 少々

米粉（共立食品）……… 150g
ベーキングパウダー ……… 10g
メープルシロップ ……… 適量

■ 作り方

1 ボウルに**A**を入れて泡立て器でよく混ぜる。米粉を加えてさらに混ぜる。

2 **1**にベーキングパウダーを加えて泡を消さないように泡立て器で手早く混ぜる。

3 フライパンを温め中火と弱火の間にし、静かにおたま1杯分の生地を流し入れる。ふたをせずに焼き、片面がこんがりと焼けたら裏に返し、ふたをして焼き目がつくまで焼く。好みでメープルシロップをかける。

⚠ フライパンにコーティングがされていなければ油を適量ぬる。

米粉のホットビスケット

〔オーブン〕 〔卵なし〕

米粉で優しい口当たりのホットビスケットを作りました。
サワークリームで爽やかな味わいに仕上げています。
甘さは控えめなので、ジャムやサワークリームなどを添えてもおいしいです。

■ 材料（4個分）

A ┌ **米粉**（共立食品）······ 100g
  │ きび砂糖 ······ 15g
  │ ベーキングパウダー ······ 5g
  └ 塩 ······ 少々
サワークリーム ······ 100g

■ 下準備
・オーブンを180℃に予熱する。

■ 作り方

1 ボウルに**A**を入れて泡立て器で
　よく混ぜる。

2 **1**にサワークリームを加えてゴ
　ムべらで混ぜてひとかたまりに
　したら、オーブンを敷いた天板
　にのせ、手で丸く形を整え、カー
　ドで4等分に切り@、180℃のオ
　ーブンで15分焼く。

型なしりんごタルト

オーブン **乳なし**

タルト生地にもアーモンドクリームにも米粉を使って、本格的なサクサクタルトができました。
しかも型を使わずに、手軽にできるんです。
季節に合わせて、果物をかえて作ることもできます。

■ **材料** (直径20cm大のもの1台分)

[アーモンドクリーム]

A ┌ 豆乳 (無調整) …… 40g
  └ 米油 …… 20g

B ┌ アーモンドパウダー …… 40g
  │ きび砂糖 …… 20g
  └ **米粉** (共立食品) …… 20g

[タルト生地]

C ┌ 卵 …… 1個
  │ 米油 …… 30g
  └ きび砂糖 …… 20g

D ┌ **米粉** (共立食品) …… 120g
  └ アーモンドパウダー …… 40g

りんご …… 1個

■ **下準備**

オーブンを180℃に予熱する。

■ **作り方**

1 **【アーモンドクリームを作る】** ボウルに**A**を入れ、泡立て器でよく混ぜ、**B**を加えてさらに滑らかになるまで混ぜる@。

2 りんごは皮をむき4つ割りにし、芯をとって薄いくし形切りにする⑥。

3 **【タルト生地を作る】** 別のボウルに**C**を入れて泡立て器でよく混ぜる。**D**を加えてゴムべらで混ぜたら、手でひとかたまりにする©。

4 オーブンシートに**3**の生地をのせてラップをかぶせ、麺棒で直径25cmの円形に広げる④。

5 **4**の生地の5cm内側に**1**のアーモンドクリームを丸く広げる⑥。

6 **5**のクリームの上に**2**のりんごを放射状に並べ①、オーブンシートを持ち上げて生地の端から内側に8〜10回折りたたんでいく⑨。

7 180℃のオーブンで30分焼く。

豆乳プリン風

フライパン 卵・乳なし

米粉と寒天パウダーをミックスして作る、
あっさりしたプリン風スイーツです。
好みで豆乳を牛乳にしてもおいしいのでおすすめです。

■ 材料（口径7cmのプリン型5個分）

A
- **米粉**（共立食品） …… 20g
- きび砂糖 …… 40g
- 寒天パウダー …… 2g
- 塩 …… 少々

B
- 豆乳（無調整） …… 400g
- 米油 …… 15g

[カラメルソース]

C
- きび砂糖 …… 40g
- 水 …… 大さじ4

■ 作り方

1 ボウルに**A**を入れて泡立て器で混ぜる。

2 別のボウルに**B**を入れて泡立て器でよく混ぜる。**1**に少しずつ加えながらさらによく混ぜる。

3 フライパンに**2**を入れて中火にかけ、耐熱ゴムべらで絶えずかき混ぜ、ふつふつ沸騰し始めたら弱火にして30秒ほど混ぜながら火を通す。

4 **3**を温かいうちに容器に入れて冷やし固める。

5 【カラメルソースを作る】鍋に**C**を入れて加え中火にかけて煮つめ、**4**の上にかける。

米粉バウム

卵焼き器

長方形の米粉バウムを卵焼き器で手軽に！
しっとりして、ややもっちり感のある食感は米粉ならでは。
成功の秘訣は、ベーキングパウダーを入れたら手早く混ぜてすぐに焼くこと。

■ **材料**（卵焼き器1台分）

A
```
卵 …… 1個
きび砂糖 …… 40g
バター（食塩不使用）…… 30g
牛乳 …… 20g
```

米粉（共立食品）…… 50g
B ベーキングパウダー
…… 2.5g（小さじ1/2）

米油 …… 適量

■ **作り方**

1 バターは電子レンジで20秒加熱して溶かす（ラップはしない）。

⚠ 溶けきらない場合は、様子を見ながら1秒ずつ追加して調整する。

2 ボウルに**A**を入れて泡立て器でよく混ぜる。**B**を加え、さらに手早く混ぜる。

3 卵焼き器に油をひき、**2**の生地を薄く広げ3つ折りにする@。端に寄せて油をひき、同様に生地を薄く広げ巻く。これを生地がなくなるまで繰り返す。冷めたら切る。

米粉マーラーカオ 蒸し器

ふわふわの中華蒸しケーキを米粉で作りました。黒糖と少しの紹興酒でこっくりした味わいに仕上げています。ワンボウルで簡単に作れるレシピです。

■ 材料（15cm丸型1個分）

A
┌ 卵 …… 3個
└ 黒糖 …… 70g

B
┌ 牛乳 …… 50g
│ 米油 …… 50g
│ 紹興酒 …… 小さじ2
└ しょうゆ …… 小さじ1/2

C
┌ 米粉（共立食品）…… 160g
└ 重曹 …… 5g

ベーキングパウダー
　…… 2.5g（小さじ1/2）

■ 作り方

1　蒸し器を鍋にセットして湯を沸騰させる。ボウルに**A**を入れ、泡立て器で混ぜる。**B**を加えてさらによく混ぜる。

2　**1**のボウルに**C**を加えて泡立て器で混ぜ、粉っぽさがなくなったらベーキングパウダーを加えて手早く混ぜる。

3　型にオーブンシートを敷き、**2**を流し入れ、15cmの高さから落として生地の空気を抜く。

4　**3**を湯気の上がった蒸し器に入れ@、中火で40分蒸す。

ⓐ

レンチンきな粉団子

`レンチン` `卵・乳なし`

米粉の本領発揮！ともいうべき和のお菓子、もちもちのお団子です。しかも道具も少なく手も汚れない。レンチンで簡単にできるレシピにしました。小腹がすいたら、パパッと作ってみてください。

■ 材料 (2人分)

```
┌ 豆乳 (無調整) ······ 150g
A 米粉 (共立食品) ······ 50g
└ きび砂糖 ······ 15g
```

[トッピング]

```
┌ きな粉 ······ 大さじ1
B きび砂糖 ······ 大さじ1
```

(好みで) 黒蜜 ······ 適量

■ 作り方

1 耐熱性のボウルに**A**を入れて泡立て器で混ぜる。

2 **1**を電子レンジで1分加熱する (ラップはしない)。泡立て器でよく混ぜ、再度1分半電子レンジで加熱しゴムべらで混ぜてひとかたまりにする。

3 **2**の粗熱が取れたらスプーンを2本使ってひと口大にして⑧、混ぜた**B**をまぶして器に盛り、好みで黒蜜をかける。

ⓐ

米粉の炊飯チーズケーキ

炊飯器

ホールケーキが炊飯器で手軽に作れます。
米粉を少し加えることで味全体がまろやかに。
トッピングには杏ジャム以外のお好みのものでもどうぞ。

■ **材料**（5合炊き炊飯器1台分）

クリームチーズ ┄┄┄ 200g
　　┌ きび砂糖 ┄┄┄ 70g
A ┤ 米粉 (共立食品) ┄┄┄ 大さじ4
　　└ 卵 ┄┄┄ 3個
　　┌ 生クリーム (乳脂肪分35％) ┄┄┄ 200g
B ┤ レモン果汁 ┄┄┄ 大さじ1
　　└
杏ジャム ┄┄┄ 50g
水 ┄┄┄ 大さじ1

■ **作り方**

1　クリームチーズは耐熱性のボウルに入れ、電子レンジで1分加熱する (ラップはしない)。

2　1にAを入れて泡立て器で混ぜ、卵を1個ずつ割り入れ、その都度混ぜる。Bを加えてよく混ぜる。

3　炊飯器に2を流し入れてスイッチオン。

　　⚠内釜にコーティングがされていなければ油をぬる。
　　⚠焼き上がりに竹串を刺して生地が付いてきたら、再度スイッチを押して加熱する。

4　トッピングのジャムを作る。耐熱性ボウルに杏ジャムと水を入れ、電子レンジで40秒加熱する (ラップはしない)。粗熱が取れたチーズケーキの上にぬる。

米粉の炊飯
かぼちゃケーキ

炊飯器

かぼちゃの水分量は、かなり個体差があるので、
かたさは、牛乳で調整を。

■ 材料（5合炊き炊飯器1台分）

かぼちゃ ……… 300g（皮をむいた正味）

A ┌ バター（食塩不使用）……… 50g
　　└ きび砂糖 ……… 50g

卵 ……… 2個

牛乳 ……… 50g

B ┌ 米粉（共立食品）……… 120g
　　└ ベーキングパウダー ……… 10g

■ 作り方

1　かぼちゃはひと口大に切り、耐熱容器に入れラップをし、電子レンジで4分加熱して潰す。

2　1にAを加えてゴムべらで混ぜ、卵を1個ずつ入れ、その都度混ぜる。牛乳、Bを入れてゴムべらで手早く混ぜる。

3　炊飯器に2を流し入れてスイッチオン。

⚠ 内釜にコーティングがされていなければ油をぬる。
⚠ 焼き上がりに竹串を刺して生地が付いてきたら、再度スイッチを押して加熱する。

米粉の炊飯
ココアケーキ

炊飯器　卵・乳なし

ちょっとの苦味がおいしい、
大人っぽい味のケーキ。
卵・乳製品なしなので軽やかな食べ心地です。

■ 材料（5合炊き炊飯器1台分）

豆乳（無調整）……… 200g

米油 ……… 30g

A ┌ 米粉（共立食品）……… 140g
　　├ きび砂糖 ……… 60g
　　└ 純ココア ……… 20g

ベーキングパウダー ……… 10g

■ 作り方

1　ボウルに豆乳を入れ、油を少しずつ加えながら泡立て器でよく混ぜる。

2　1にAを加え泡立て器でよく混ぜ、最後にベーキングパウダーを加えて手早く混ぜる。

3　炊飯器に2を流し入れてスイッチオン。

⚠ 内釜にコーティングがされていなければ油をぬる。
⚠ 焼き上がりに竹串を刺して生地が付いてきたら、再度スイッチを押して加熱する。

［ 米粉にまつわる**Q & A** ］

Q1.

レシピに
記載しているもの
以外の米粉で作っても
大丈夫ですか？

A. メーカーや商品により米粉の
吸水率が異なるため、仕上が
りが変わってくることがあり
ます。まず一度、推奨の米粉で
作ってからほかの米粉でトラ
イしてみてください。

Q2.

焼き上げたパンの
保存方法を知りたい。

A. 米粉のパンは、冷えるとか
たくなりやすいです。米粉
で作ったパンの特性は、お
もちと同じです。温かいう
ちに食べるのが一番ですが、
その日のうちに食べない場
合は、粗熱がとれてから、水
分が蒸発する前にラップで
くるんで冷凍庫へ。レンジ
で温めなおすとおいしく食
べられます。

Q3.

米粉の
保存方法は？

A. 米粉には直射日光と高温
多湿の環境はNGです。そ
れらの条件をさけた室温
で保存してください。開
封後は、密閉できる容器に
入れ替えてなるべく早く
使いきってください。

Q4.

砂糖の量を減らしても
いいですか？

A. 砂糖は甘味料としてだけでなく、生
地の発酵を促したり、膨らみや焼き
色、保水などの役割も果たします。レ
シピ通りの分量で作るのがおすすめ
ですが、どうしても減らしたい場合
は、少しずつ減らしながら好みのあ
んばいを見つけてください。

Q5.

オーブンに発酵機能がない場合は？

A. オーブンの庫内に、熱湯をなみなみと入れたマグカップとともにパン生地を入れ、オーブンの扉を閉める。または発泡スチロール製の箱に、熱湯を入れたマグカップとともに、パン生地を入れてふたを閉める。発酵の途中で湯が冷めてきたら、再度熱湯に入れ替える。これを発酵するまで繰り返してください。

Q6.

イーストを
天然酵母に置き換えても
作れますか？

A. 「白神こだま酵母ドライ」は天然酵母ですが、作り方も分量もそのままに置き換えて作ることができます。ただし、発酵時間は生地の様子を見ながらやや長めに調整してください。ほかの天然酵母の場合は、うまく発酵せず作れないことがあります。

Q7.

グルテンフリーって
何ですか？

A. 小麦粉には、たんぱく質の一種であるグルテンが含まれていますが米粉には含まれていません。グルテンは、体質によっては自己免疫疾患の一種「セリアック病」を引き起こす要因ともなります。セリアック病患者のために生まれた食事療法が「グルテンフリー」です。最近ではグルテンの摂取を控えることで、長年悩まされてきた肌荒れや便秘や下痢などの腸の不調、慢性の倦怠感が改善されるという研究報告が相次ぎ、世界的に注目されています。

パンやお菓子、麺や揚げ物は大好きだけれども小麦粉（グルテン）は控えたいという人が増え続けるなか、米粉料理の需要は高まる一方です。

高橋ヒロ

米粉専門家・料理家・フードコーディネーター。1児の母。大
手旅行会社、IT企業などに勤務の傍ら、料理を学び、フードコ
ーディネーターとして活動を始める。自身の子どものアレル
ギーをきっかけに、米粉の世界に足を踏み入れ、魅力にのめ
り込む。のちに、社会における米粉の重要性を認識し、料理の
世界に専念。企業の商品開発、地方創生事業、レシピ提供動画
撮影、講演活動などを中心に活躍中。著書に『まいにち米粉 パ
ンと料理とお菓子』(池田書店)、『米粉100レシピ』(主婦と生
活社) などがある。

Instagram @hiro_hirocafe　HP https://hiro-cafe.com/

Instagram　　　　HP

STAFF

装丁・デザイン／藤田康平 (barber)、太田保奈美
撮影／福尾美雪
スタイリング／木村遥
調理アシスタント／増田かおり、sue、片桐佑香
校正／草樹社
編集／斯波朝子 (オフィスCuddle)
制作協力／共立食品株式会社、株式会社波里

今日からはじめる
米粉レシピ

2023年10月6日　第1刷発行
2024年10月21日　第2刷発行

著者／高橋ヒロ
発行人／松井謙介
編集人／長崎 有
企画編集／柏倉友弥
発行所／株式会社 ワン・パブリッシング
　　　　〒110-0005　東京都台東区上野 3-24-6
印刷所／大日本印刷株式会社
DTP／株式会社グレン

【この本に関する各種お問い合わせ先】
●本の内容については、下記サイトのお問い合わせフォームよりお願いします。
　https://one-publishing.co.jp/contact/
●不良品 (落丁、乱丁) については Tel 0570-092555
　業務センター 〒354-0045 埼玉県入間郡三芳町上富279-1
●在庫・注文については書店専用受注センター Tel 0570-000346

© Hiro Takahashi